KB143746

우리 한민족의 뿌리

The Roots of Ur Khan

신화를 통해 본
우리 한민족의 뿌리

초판 1쇄 인쇄일_2014년 10월 21일
초판 1쇄 발행일_2014년 10월 27일

지은이_김성배
펴낸이_최길주

펴낸곳_도서출판 BG북갤러리
등록일자_2003년 11월 5일(제318-2003-00130호)
주소_서울시 영등포구 국회대로 72길 6 아크로폴리스 406호
전화_02)761-7005(代) | 팩스_02)761-7995
홈페이지_http://www.bookgallery.co.kr
E-mail_cgjpower@hanmail.net

ⓒ 김성배, 2014

ISBN 978-89-6495-075-3 03900

이 도서의 국립중앙도서관 출판시도서목록(CIP)은 e-CIP홈페이지(http://www.nl.go.kr/ecip)
와 국가자료공동목록시스템(http://www.nl.go.kr/kolisnet)에서 이용하실 수 있습니다.
(CIP제어번호 : CIP2014028560)

신화를 통해 본

우리
한민족의
뿌리

김성배 지음

BG 북갤러리

서언

 우리에게 구전되어 내려오는 신화 속에는 인류 초기 문명사에 대한 진실이 담겨 있다. 이러한 신화 속에 담겨있는 내용에 대한 분석은 미지의 과거사를 찾기 위해 시도할 수 있는 최선의 방법임을 확신한다. 그래서 이 책에서는 고대신화가 우리에게 가르쳐주는 심층적인 의미를 찾아 우리 역사의 감추어진 사실을 밝히고자 한다. 더불어 이 책에서 제시하는 가설은 개인적인 소견임을 밝혀두며 진실 여부에 대해서는 확인된 바가 없다. 그리고 신화와 역사를 대비한 것은 순전히 본인의 임의적인 판단이므로 실증된 역사자료로 오인해서는 안 될 것이다. 또한 신화의 내용 해석은 특정종교의 종교적인 관점과는 상관없이 기술한 것으로 종교적인 판단이나 편견은 배제되었다. 그러나 필자의 천학 비재한 지식으로 내용들을 기술하였기에 상황에 따라 해당 종교에 누가되었다면 정중히 사과드린다. 그리고 내용이 다소 과장되고 왜곡되었다고 판단되더라도 전체적인 흐름이 우리민족의 뿌리를 찾기 위한 노력과 인류의 초기 문명사에 대한 고찰의 하나라고 생각하고 넓은 아량과 용서를 통해 이해해 주시기 바란다.

《우리 한민족의 뿌리》라는 제목에서와 같이 우리의 역사는 그 기록적인 면에서 주변국인 중국이나 일본에 비해 빈약하기 그지없다. 그 예로 단군이야기도 신화처럼 묘사되어 진실이 아닌 것처럼 후세에게 가르치고 전해지고 있다. 더불어 삼국시대의 시작이 난생설화로 각색되어 우리 한민족의 뿌리가 마치 중국문명의 영향권 아래 그들의 전파에 의해서 이루어진 것으로 오인하게 하였다. 그리고 지금은 그것이 정설인 냥 포장하여 진실된 우리의 역사를 알지 못하게 하고 또 알려고 하지 않는 현실로 이끌어 우리를 비하하게 만드는 요인이 되고 있다.

왜 지금 우리가 수메르에서부터 우리민족의 뿌리를 찾으려고 하는가는 여러 가지 설명이 필요하다. 그러나 확신할 수 있는 것은 실제로 우리민족이 수메르문명에서 시작했다는 것이다. 우리는 구석기와 신석기를 거쳐서 극동에 살아왔던 고대부족과 청동기문명을 가지고 이주해온 수메르의 칸족과의 결합에 의해 이루어졌다. 그래서 우리민족의 뿌리는 BC 3800년 전의 수메르 초기 문명부터 살펴야 한다. 그리고 BC 2300년경의 단군시대는 메소포타미아지역에서 아카드의 사르곤을 피해 동방으로 이주해온 수메르의 칸족과 토착 훈족의 결합으로 이루어졌다는 것을 알아야 한다. 또한 중국이 세계 4대 문명 중의 하나라고 자랑하는 황하문명은 우리 한(칸)민족이 BC 2000년경에 황하지역으로 진출하면서 이루어진 것이다. 여기서 한민족의 '한(韓)'은 칸민족의 칸에서 나온 명칭이며 환인의 환(桓)도 같은 의미이다. 다시 말해서 중국 황하문명의 원류인 하나라와 상나라도 우리민족의 신칸(진한 혹은 배달국)이 세운 식민국가이다. 이렇듯 우리 한(칸)민족은 중국의 근원이 되어 황하문명을 이루었고 중국 고대역사의 시작을 만들었던 것이다. 그럼에도 불구하고 어느 시절 어느 결엔가 중국이 우리의 역사를 도적질해가서 마치 중국이 선도 문명인 것처럼 하고 있다. 이것은 그동안의 사대 모화사상에 빠진 어리석은 선조들에 의해 이루어진 씻을 수 없는 역사적 과오이다. 자식이 아무리 체격이 커지고 힘이 강해졌다 해도 할아버지 노릇을 하게 해서는 안 된다는 것을 우리가 바로 인식해야 한다.

이제 우리는 단군세기가 신화가 아닌 역사적인 사실이며, 그 시작은 수메르에서부터라는 것을 알아야 한다. 그리고 중국의 거짓된 역사 놀음에 더 이상 속아 넘어가서는 안 되며 우리의 역사를 바로 찾아 후세에게 올바른 역사의식을 전해 주어야 한다.

우리 한민족의 뿌리는 이 책의 제목에서부터 찾아 볼 수 있다. '우리'라는 말은 '우르(Ur)'에서 나온 말이며, 우르는 수메르의 중심도시 국가의 명칭이다. 또한 '한'민족은 '칸(Khan)'민족에서 나온 명칭으로 과거 몽골지역의 각 부족들이 그들의 우두머리를 부르는 '칸'이라는 호칭도 찾아 볼 수 있는데 이와 동일한 의미이다. 또한 지금까지 사용되는 지명에서도 유럽과 아시아를 나누는 지역인 우랄산맥의 '우랄(Ur-al)'이나 몽고의 수도인 '울란바토르(Ur-)'와 흑룡강의 '아무르(-ur)' 그리고 우리의 수도인 '서울' 등과 같이 우르의 명칭이 포함된 속에서 수메르의 흔적들을 찾아 볼 수 있다. 더불어 이러한 명칭은 그들이 우리 한반도로 이동해온 경로를 여러 가지 측면에서 잘 알려 주고 있다.

이와 같이 우리의 고대 선조는 우리에게 자신의 뿌리가 어디에서 왔었는지를 지금까지 남겨진 명칭을 통해 알려주었으나, 우리는 그것을 알지도 못했고, 알려고 하지도 않는다. 그래서 지금은 '반만년 역사를 가진 민족'이란 말이 마치 허구 속의 빈말처럼 들리고 있는 것이다.

이제 우리는 어리석은 선조들의 이기심과 모화사상으로 인해 잊어지고 감추어진 역사를 되찾아야 한다. 그리고 우리의 국조(國祖)가 신화 속에서만 존재하는 허구의 '단군'이 아니고 실존인물로서의 '단군'으로 존재하였다는 것을 알아내어 우리민족의 정체성을 바로 세워야 한다. 또한 중국의 황하문명과 그것을 합리화시키려는 동북공정도 허구라는 것을 밝혀야 한다. 더불어 우리의 고대사를 마치 자기의 역사처럼 조작하고 당연시하려는 중국에 대하여 당당히 맞서고 바로 잡아야 한다. 특히 동북공정은 우리의 숨겨진 역사이므로 우리의 손으로 발굴하고 역사성을 정립하여 조속히 되찾아야 할 우리의 땅이며 소중한 유산임을 잊어서는 안 될 것이다.

우리 한(칸 : Khan)민족은 BC 3800년 메소포타미아에서 인류문명을 시작했고, BC 2350년경에 본의 아니게 사르곤에게 쫓겨 홍산과 요하(우르하)로 이주해 와서 동양의 문명을 잉태시켰다. 그리고 중국으로 진출하여 황하문명을 만들었으며, 더 나아가 아메리카의 잉카, 마야 그리고 아스텍문명을 이루어낸 온 인류 문명의 창시자이며 전파자임을 한시라도 잊어서는 안 된다.

지금 우리가 우리민족의 뿌리를 찾는 것은 우리민족의 위상을 바로 잡기 위함이다. 다시 말해서 우리민족이 현재 인류문명을 탄생시킨 근원임을 알고 또 한 번 인류문명의 중심 민족으로 거듭나는 기회로 삼아야 한다. 또한 우리 역사의 뿌리를 찾아 미래 대한민국이 세계 으뜸 국가로 나아갈 기틀을 세우고 전 세계에 퍼져있는 한(칸)민족 후손들을 모아 새로운 세계질서를 이루자는 것이다. 이것을 위해서는 유럽에서부터 아메리카에 연결되어 있는 모든 한(칸)민족의 중심이 우리(우르,

Ur)라는 자부심 아래 범세계적인 결속을 가질 수 있도록 해야 한다. 그리고 우리민족의 뿌리에서 가지까지 이어지는 하나의 연결을 통해 세계를 선도하는 선진국가로 나아가는 길을 열어야 한다.

우리 한민족의 뿌리를 찾는 데 있어 처음부터 성서와 수메르문명을 이야기하는 것은 현실과 다소 거리가 있다고 생각할지도 모른다. 그러나 굳이 이것을 설명하자면 우리의 기록된 역사가 하느님인 환인에서 시작하는 애매모호한 신화이기 때문이다. 그러나 신화는 도래인 정복자의 신격화된 역사이기에 그 점을 고려하여 잘만 분석하면 오히려 역사서에 기술된 내용보다도 정확한 내용을 파악할 수 있다. 그래서 이 책에서는 고대문명에서 구전되어 온 각국의 신화나 기록과 전승된 성서의 내용을 다른 각도에서 살펴보고 분석하여 보다 정확한 역사적 사실을 파악하고자 하였다. 특히 이 책에서는 성서의 카인(칸인, 칸)이 이제까지 감추어진 고대사회를 열 수 있는 열쇠(Key Word)로 보았다. 그리고 그것을 근거로 각각의 고대문명에 나타나 있는 칸의 흔적을 추적하여 상호 연관성을 찾아내고 비교 분석하였다. 그래서 그것으로 상호 문명 간의 관계를 연결하여 그 중에서 우리 한민족의 뿌리가 무엇인가를 밝혀내고 과거 어떠한 경로를 거쳐 역사와 문명을 이루었는지 알아보았다. 더불어 이 책에서는 빈약하지만 우리의 미래를 위해 앞으로는 어떻게 해야 하는지에 대한 방법을 모색하여 제시하였다.

끝으로 이 책에 참조된 내용 중 상당수는 출처를 밝히기 애매한 인터넷의 다음과 네이버의 블로그, 웹, 카페 및 지식 등에서 발췌하여 인용한 것들이다. 그래서 가능하면 각각의 내용들이 왜곡되지 않도록 주의를 기울였으나 소홀한 점이 있을 수 있어 먼저 사과를 드린다. 더불어 그와 같이 훌륭한 기록들을 남겨주어 우리민족의 뿌리를 찾는 데 도움을 준 많은 분들에게 지면을 통해 감사의 마음을 표한다. 또한 이 책의 내용은 신화와 몇 가지의 역사적인 사실을 근거로 이루어졌으며 구체적으로 모든 것이 확인된 사실은 아니다. 다만 필자가 우리 한민족의 뿌리를 찾기 위한 욕심으로 다소 무리한 기술이 있을 수 있으며, 상당수의 내용은 가설임을 밝혀둔다.

2014년 8월

김성배

차례

제1장 수메르와 우리 한(칸)민족의 뿌리

제2장 성서이야기와 메소포타미아문명

제3장 신화와 고대문명

제4장 우리 한(칸)민족의 갈래

제5장 우리 한민족의 나아갈 길과 제안

※ 한·중 상고사 연혁표

구분	BC 3800	BC 2300	BC 2200	BC 2000	BC 1700	BC 1600	BC 1400	BC 1300	BC 1100	BC 800	BC 500	BC 300	BC 200	BC 100	0	AD 300
내몽골(칸인)(만주)	수메르(칸인)	신한 연맹체 -> 신시 배달국								흉제국		동부여			고구려	
내몽골 훈족	내몽골 훈족															
황하(중국)		황하 배달국	하		상		주			춘추	전국	진		한		
산동(중국)		탁록대전	동이조선			기자조선			부여(동로)						고구려	
요하		변한 연맹체 -> 고조선									위만조선	한사군				
한반도		마한 연맹체 -> 목지국												마한 -> 백제 / 변전(가야) / 진한 -> 신라		

스키다이 / 침입 / 훈란기

BC 1300

BC AD

제1장

수메르와
우리 한(칸)민족의 뿌리

제1장

수메르와
우리 한(칸)민족의 뿌리

우리 한민족의 뿌리 찾기에 앞서 우리가 가장 중요한 관점으로 보아야 할 것은 우리의 역사가 단순히 신화나 설화에서 시작된 것이 아니라는 점이다. 특히 이제까지 알려진 바와 같이 기원전·후의 어느 날 난생설화에서 나오는 이야기들처럼 갑자기 국가가 성립되고, 그때부터 한민족이 시작되었다고 하는 생각을 먼저 버려야 한다. 그리고 애매모호하게 시작되는 단군신화 또한 단순한 신화가 아닌 실제 우리의 역사적인 사실이라는 것을 알아야 한다.

고대 인류의 문명사회에서 만들어지고, 전 세계에 널리 퍼진 신화들은 단순히 재미로 꾸며진 이야기가 아니다. 각각의 신화는 그 당시의 역사적인 사실들을 신격화시킨 것이다. 다시 말해서 문자가 만들어지기 전 고대사회에서는 기록을 할 수 없어 당시에 일어난 사건을 신화화하여 구전시킬 수밖에 없는 것이다. 그렇기 때문에 현대의 우리는 신화를 신화로만 알고 재미있게 꾸며진 이야기로 치부해버려서는 안 된다. 즉, 각각의 신화가 역사적인 사실이라는 것을 알고, 그 속에 감추어진 역사적인 사실을 시대의 상황에 맞추어 분석해 보아야 한다. 그리고 그 뒤에 숨겨진 진실을 밝혀내는 것이 우리 후손들이 해야 할 일이다. 그 때문에 우선 각각의 신화 속에서 나타나는 공통적이고 핵심적인 키워드(Key word)를 찾아내야 한다. 더불어 그렇게 찾아낸 키워드를 우리의 신화에 비추어서 한민족의 뿌리를 찾아보는 것이 일의 순서이다.

이러한 관점에서 고대역사와 신화를 살펴보면, 그 속에서 공통적으로 나타나는 핵심 키워드가 있다. 그것은 우리(우르 : Ur), 카인(칸, 한 : Khan), 소머리(수메르 : Sumer) 등으로 귀결된다. 그래서 우리는 이러한 키워드를 이용하여 각각의 신화들을 분석하고 합리적인 판단으로 고대역사를 재조명해야 한다. 이러한 신화 속에는 우리민족의 실체를 밝혀줄 열쇠가 숨어 있으며, 이를 통해 가려진 우리의 역사를 되찾아 내야 한다.

우리의 역사를 되찾아 내는 첫발은 범세계적으로 가장 잘 알려진 성서의 천지창조에서부터 시작한다. 그리고 이와 더불어 초기 메소포타미아의 수메르문명과 이집트문명, 인더스문명, 그리스문명, 유대민족과 한민족의 고대문명에서의 관련성을 찾아나가는 단계를 취한다.

우리에게 잘 알려진 고대의 신화들은 고대 선진 문명을 가진 도래인 정복자들의 역사이다. 그리고 그들이 도래지에서 선주민을 정복해가는 과정을 신격화하여 전설화한 것이 대부분이다. 그래서 우리는 이러한 점에 착안하여 성서이야기와 수메르신화 그리고 이집트·인도·그리스 그리고 가장 중요한 우리의 단군신화 속에서 우리가 알지 못했던 고대역사의 단편을 찾아야 한다.

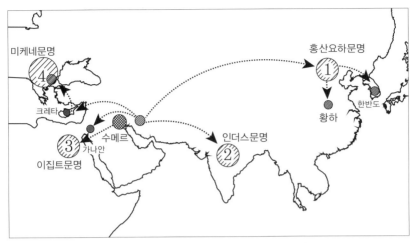

메소포타미아 동쪽에서 출발한 세계 4대 문명

1. 모든 것은 수메르문명에서 시작한다[1]

고대 수메르문명의 시작은 BC 7000~BC 6000년경에 티그리스강과 유프라테스강의 발원지인 터키의 아나톨리아 고원지대에 정주한 후기 신석기 농경, 유목민에서 시작되었다. 그들은 그 후 발달한 촌락문화를 메소포타미아에 전파시켰으며, 정주생활에 필요한 채문토기가 만들어지고, 구리가 사용되기 시작하였다. 이후 금석 병용기의 문화는 우바이드와 수메르(Sumer)의 우루크문화(BC 3800년~BC 3100년)로 전파되고, 정착지는 점차 팽창하고 발전하였다. 또한 구리의 야금술이 발달하여 그 분포 범위도 수메르에서 지중해 연안까지 확대되었다. BC 3200년경에는 그림문자가 사용되었으며, 도시국가가 탄생하였다. 금석

---

1) 참조 : 천지창조와 수메르

병용기를 지나 청동기로 접어들며 가장 처음 발생한 문화는 젬데트 나스르(Jemdet-Nasr : BC 3100년~BC 2900년) 문화이다. 이후 다양한 도시국가들이 병립하는 초기 우르왕조(Ur : BC 2900년~BC 2350년)시대가 약 500여 년간 지속되었다.

이러한 초기 우르(Ur)왕조시대의 우르는 메소포타미아 남부의 수도였으며 강을 끼고 있어서 농경 생산성이 높았다. 그래서 상당히 부유했고 높은 수준의 문명을 가지고 있었다. 더불어 건축·미술·공예에도 뛰어났으며 신전의 기단에서 발전된 지구라트는 직사각형 평면의 기단을 계단식으로 쌓아 올렸으며, 후에 바벨탑의 원형이 되었다. 우르에서는 순장이 행해졌으며 왕릉에서는 무장한 병사나 가신들이 대열을 짓고 전차를 따르게 한 모습으로 정렬하여 죽어 있었다. 또한 왕비릉에도 많은 시녀가 정장을 하고 악기를 다루는 악사들과 함께 정연하게 줄을 이루어 죽어 있었다.

그들이 살고 있는 지역도 강 유역에 위치하고 있기 때문에 외적으로부터 방어하기가 좋고 농사짓기가 좋은 비옥한 땅을 가질 수 있었다. 그러나 강의 범람과 홍수에 취약하여 길가메시와 같은 대홍수 신화가 만들어진 요인도 되었다.

이와 같은 지역적인 조건 속에 살고 있는 수메르인들의 특징을 살펴보면 우리 한민족과 같이 머리가 검고 후두부가 편두형이며 신체가 비교적 작았다. 그리고 여자들은 머리에 짐을 이고 다녔으며, 농사에 소와 쟁기를 이용하였다. 그들의 언어도 한글과 같은 교착어를 사용했으며 학생들의 교육에 회초리를 사용하고, 촌지(寸志)를 주고받았다. 더불어 태음력과 12를 기수로 하는 60진법을 사용했다. 이러한 점에서 본다면 그들의 주요한 특징 중 상당 부분이 지금의 우리 한민족과 상당히 유사하며, 그 속에서 우리와의 연관성을 찾아 볼 수 있다.

　이렇듯 메소포타미아에 정착한 수메르인들은 우르를 중심으로 에덴의 동산이라고 불릴 정도로 1,500년 이상 평화와 풍요 속에서 살아왔다. 그러나 호사다마(好事多魔)라고 BC 2350년경에 활과 화살을 무기로 하는 수렵부족인 아카드인이 북부 산악지역에서 침입한다.

2. 아카드의 침입과 에덴에서 축출

　BC 2350년경에 티그리스강 북부의 산악지역에서 수렵부족인 셈계열의 아카드(Akkad)인이 침공해 들어 왔다. 그들은 수렵, 채집으로 곤궁하게 살던 종족으로 사냥에 쓰는 활과 창이 주요한 무기였다. 당시의 수메르인들은 오랜 평화로 인해 나태해져 있었으며 농경족의 특성상 무기는 칼과 농기구뿐이었다. 그리고 군사조직도 전쟁을 수행하는 역할보다 치안 등에 치중하는 형편이어서 활을 무기로 하는 아카드인을 상대할 수는 없었다. 그래서 그들의 저항은 무위로 끝나고 아카드의 사르곤 1세에 의해 쉽게 정복되었다. 그는 활로 무장한 강력한 군대로 페르시아만에서 지중해에 이르는 방대한 지역을 지배하여 중앙집권제를 확립하고 아카드 제국(Akkadian Empire, BC 2350년~BC 2193년)을 수립하였다.

　이 과정에서 우르의 지배계급이었던 신관, 행정관료, 장수들은 티그리스강 동쪽으로 쫓겨나가고, 그 후에도 저항을 계속한다. 이것이 성서에서 보여지는 에덴동산에서의 축출이다. 이때 아카드의 사르곤은 티그리스강 동쪽에 활을 무기로 하는 궁수부대를 배치하여 저항에 나선

우르사람들의 접근을 못하게 한다. 이때 궁수부대가 낮에는 화살을, 밤에는 불화살을 쏘았기 때문에 '두루 도는 화염검'으로 표현된 것 같다. 왜냐하면 밤에는 화살이 어디로 날아가는지 혹은 목표물에 정확히 맞추는지를 확인하기 위해 화살에 불을 붙여 쏘기 때문이다.

에덴에서 축출된 후에도 수메르인(특히 우르사람)들은 저항을 계속하였다. 그리고 이 과정에서 수메르인 내부에서 농경부족과 유목부족 간의 갈등이 생기고, 그로 인해 카인과 아벨은 결별한다. 이것이 성서 속에서 카인이 아벨을 죽이는 것으로 표현된 것 같다. 그러나 카인족의 결별은 아카드에 대한 저항을 약화시켜 동쪽으로 더 멀리 쫓겨나는 상황으로 만든다.

수메르의 카인족을 동쪽으로 쫓아낸 후 아카드인은 제국을 안정시키기 위해 설형문자를 채용하여 제국 내에 보급시키는 등 수메르문명을 적극적으로 받아들였다. 이렇게 180년 동안 계속된 아카드시대에는 메소포타미아에 잔존한 수메르인과 아카드인 두 종족이 융합함으로써 수메르문명은 점차 셈족화하여 바빌로니아문명의 기초를 이루게 된다. 그 후 아카드시대 말기에는 다시 혼란상태가 계속되었으며, 이어 구티인(Gutian)의 왕조가 100여 년간 계속하게 된다.

3. 바벨탑에서 전 세계로 퍼지다

동쪽으로 멀리 쫓겨난 카인족은 다시 한 번 더 사르곤에게 저항을 시도한다. 바벨탑(지구라트)을 높이 쌓고 달의 신에게 제사를 지내며 그들 나름대로 활을 개발하여 훈련을 하고는 아카드에게 재도전을 했다. 그러나 또 다시 활을 가지고 싸우는 것에 대한 능력 부족으로 훈련이 잘된 아카드의 궁수부대에게 패배한다. 그리고 바벨탑(지구라트)까지 점령당하게 되고 승리한 사르곤에게 처벌을 받는다. 이러한 과정은 성서에서 바벨탑으로 묘사되어 있는 것과 같다. 승리한 사르곤은 바벨탑까지 무너트리며 카인족을 와해시킨다. 이렇듯 그들의 재도전은 무위로 끝나고 결국 사방으로 흩어지게 된다. 그들이 흩어진 방향은 동·서·남·북 방향인데 동쪽은 홍산과 요하지역이고, 서쪽은 가나안지역이며, 남동쪽은 카슈미르(카수메르)와 인더스강지역이고, 북서쪽은 크레타섬이다.

4. 동방으로 간 칸인(환인)족과 한민족 − 홍산[2]

아카드에게 재도전했다가 실패한 우르의 카인(Kain : 칸인)족 중 한 갈래가 태양이 뜨는 동쪽으로 이동을 한다. 터키를 거쳐 바이칼(밝을)호수와 우랄산맥을 넘어 중앙아시아 초원을 가로 질러 BC 2300년경에 내몽골지역의 홍산으로 들어간다.

중앙아시아 초원을 지나올 때 카인족들은 몽골의 각 부족국가에 그들의 흔적을 남겼다. 몽골족의 우두머리를 칸 또는 가한이라고 하는 것이 그것이다. 다시 말해서 칸은 카인족을 지칭하는 것이다.

내몽골지역의 홍산에 도달해서 카인(환인)족은 신석기시대에 머물고 있던 토착 훈(Hun)족을 제압하고 칸족과 훈족의 연합체인 칸훈(Kahn Hun : 환웅)으로 거듭난다. 이때 카인족은 칸훈에게 풍백

---

2) 참조 : 단군신화

(風伯 : 신관), 우사(雨師 : 행정관료), 운사(雲師 : 장수)를 위시하여 3,000인을 내어주고 국가를 세우게 한다. 그것이 적봉(태백산)의 신단수 아래에 설치한 신시(神市 : 산위에 있는 신의 도시)이다.

이후 칸훈족이 BC 2300년경에 평야지대로 내려간다. 이 당시 동쪽의 북만주에는 호랑이 토템의 호(예)족이 있었고, 남동쪽의 요하(원명은 '우르하'이었으나 후에 개명됨)에는 곰 토템의 웅(맥)족이 있었다. 그러나 칸훈(환웅)은 단군신화 속에서와 같이 웅녀와 호녀 중에 웅녀를 선택하였다. 이것은 국가의 중심지(도읍)를 요하(우르하)지역으로 선택하여 그 지역 훈족과 재결합한 것을 나타낸다.

이렇듯 단군신화 속에는 우리 한민족의 형성과정이 잘 나타나고 있다. 그래서 우리는 단군신화를 통해 두 번 이상의 민족적 결합이 있었음을 유추해 볼 수 있다. 우선 첫 번째 과정에서 수메르의 칸인(환인)족과 내몽골의 훈족간의 1차적인 결합이다. 이것은 신화 속에서 환웅(칸훈)으로 표현되었다. 그리고 다시 두 번째 과정에서 환웅(칸훈)족은 요하지역의 맥(웅)족과 2차적인 결합이 되었음을 보여준다. 이렇게 하여 환웅과 웅녀의 결합으로 낳은 이가 우리의 국조인 단군이다(그 후에 예(호)족은 배달국의 환웅족과 결합하여 북부여를 건국한다).

초기의 단군은 신시를 떠나 요하하류의 조양(朝陽 : 아사달)과 우하량 일대에 도읍을 정하고 조선국을 세운다. 여기서 조양이 아사달인 이유는 '아사'가 아침(朝)을 의미하며 '달'은 땅(陽)을 의미하기 때문이다. 우리가 알고 있는 넓은(罕)이라는 말은 옛말로 '아스'이다. 그래서 평양(平陽)은 '아스달'이 된다. 이렇게 나라를 세운 단군은 통치자로서 왕검직을 겸하여 단군왕검으로 제정일치를 시도한다. 그러나 이때까지도 도시국가의 형태를 벗어나지 못하고 있어서 실권은 별로 없는 상태였다. 그 당시 신시는 홍산과 북만주 주변의 부족국가들을 모아 신칸(신시의 칸국)연맹체가 되고 후에 진한(배달국)이 된다. 요하지역에 있는 아사달은 대능하로 진출하여 벌칸(벌판의 칸국)연맹체를 만들고 후에 번한(고조선)이 된다. 이후 신칸과 벌칸은 각각 황하지역과 한반도로 국가를 확장하여 황하 중류지역에는 하(상)나라를 세우고 한반도 내에는 뫼칸(산지의 칸국)연맹체를 만들었다. 뫼칸은 후에 마칸(마한 : 목지국)이 되어 그 후 상당 기간 동안 신칸(배달국), 벌칸(고조선), 마칸(목지국)의 삼칸(전삼한)체제를 유지한다.

1) 황하로 진출하여 중국문명을 이루다[3]

홍산지역의 신칸(배달국)이 BC 2000년경에 황하중류지역으로 진출하여 중국의 초기 부족국가인 하나라를 세운다. 이때 신칸은 신시의 칸국으로 역사상 배달국을 지칭하며 적봉이 수도였다. 여기서 황하문명을 파생문명으로 보는 이유는 황하 주변이 농경 위주의 지역이기 때문이다. 다시 말해서 선진문명이 발생되려면 메소포타미아나 홍산처럼 농경과 목축이 양립되어야 하나, 황하는 이러한 조건을 충족하지 못하고 있다. 그래서 황하는 자발적인 선진 문명이 발생할 수 없는 지역이 된다. 또한 이 지역에서 출토되는 고대문명의 유물로는 주로 BC 2000년경 이후의 청동기나 갑골 등이 대부분이므로 BC 2300년경에 고대국가가 성립된 홍산문명보다 후기에 이루어진 문명일 수밖에 없다. 더불어 중국문명의 창시자인 3황5제도 역사적으로 입증할 수 없는 전설

---

3) 참조 : 환웅과 3황5제

에 불과할 뿐만 아니라 그들 모두가 한민족(동이족)이라는 것이 정설이다. 그래서 중국이 자랑하는 세계 4대 문명 중의 하나인 황하문명은 그 실체가 의심스럽다.

황하문명의 초기에 신시배달국은 황하 중류지방에 국가를 세우고, 운사(군사령관)를 총독으로 보내 국가를 다스리게 하고, 배달국에 공물을 바치는 역할을 하게 했다. 그러나 황하의 위치가 곡물 생산량이 많고 각종 산물의 교역이 풍부한 지역으로 급속한 발달을 이루게 된다.

이러한 과정이 지속되면서 국력이 강해지자 BC 2000년경에 당시 총독인 황제 공손헌원이 배달국에 저항하여 독립전쟁을 일으킨다. 이로 인해 신시배달국의 치우천황과 오랜 독립전쟁을 치르게 되는데 이것이 역사 속의 탁록대전이며, 그 시기는 BC 1700년경이다. 결국 오랜 전쟁 끝에 하(夏)나라는 독립을 하여 지금의 중국 땅에 최초의 독립국가로 탄생한다. 이때의 황제 헌원이 중국 고사에서 나타나는 하나라의 창시자이다. 그 후 하나라는 BC 1400년경 걸왕 때 상나라의 탕왕에게 멸망하여 새로운 황하문명의 시대를 맞게 된다. 여기서 하(夏 : 여름)나라는 명칭에서 보여주듯 더운 나라를 의미한다. 그러나 황하유역은 열대지방이 아니기 때문에 더운 나라가 아니다. 신시배달국이 있는 내몽골지역에 비해 황하지역에 있는 나라가 덥기 때문에 붙여진 이름이다. 다시 말해서 하나라가 여름나라라는 명칭을 가지게 된 이유는 위도상 북쪽에 있는 신시배달국을 기준으로 만들어진 이름이기 때문이다. 더불어 하나라를 이은 상(商 : 교역)나라는 그 당시 주변에 있는 신시배달국 및 고조선과 상업적인 교류가 잘 이루어진 국가라는 의미에서 만들어진 명칭이다.

이렇듯 중국의 고대 국가들은 우리 한민족이 세운 신시배달국 및

고조선과 직접적인 관련이 있다. 그리고 실제적인 황하문명은 우리 한
(韓 : 칸)민족이 황하지역에 세운 하나라에서 시작되었으므로 황하문
명은 동북아의 시원(始原)문명이 될 수 없다. 즉, 황하문명은 우리 한
(칸)민족이 중국에 만들어준 파생문명이며 초기 황하문명의 지배자들
은 모두 한(칸)민족들이다.

2) 한반도로 들어오다[4]

요하의 고조선은 국력이 확장되면서 중국의 산동지역으로 진출하였
으나, BC 1400년경 황하지역의 상나라에게 주도권을 잃은 후에는 한
반도로 진출을 한다. 이 당시 한반도는 현재의 지형과 달리 해안선이
내륙으로 깊이 들어와 있어서 평야지역은 많지 않았다. 그래서 산지(山
地)가 발달해 있는 이곳에 세운 칸국을 뫼칸(산지의 칸국)으로 불렀
다. 이것이 후에 마한이고 목지국이 된다. 당시 한반도에는 대동강 주
변과 황해도 연백부분에 평지가 넓게 퍼져 있었다. 그래서 그곳에 도읍
을 정하고 평양(平壤 : 아스달)이라고 하였는데, 이곳이 목지국의 수도
이다. 여기서 '아스'는 넓고 평평한 의미를 가지고 있으며 맥시코의 '아
스텍문명'의 '아스'도 동일한 뜻이다. 더불어 아스텍이란 택(澤)이 연못
을 뜻하므로 아스와 합쳐서 '넓은 연못(平澤)'이라는 의미이다. 그리고
실제로 아스텍이 있던 곳이 지금의 멕시코시티로 과거에 큰 연못의 한
가운데 위치해 있었다.

이 당시의 한(칸)국은 삼국체제를 이루고 있었는데 이것이 전삼한시
대이며 대륙삼한이다. 이 전삼한의 분포는 신칸(배달국)의 경우 북만

---

4) 참조 : 단군과 번(고)조선의 성립

주와 내몽골에 걸쳐 있었고, 벌칸(고조선)은 요하(원명은 우르하)와 산동반도에 있었으며, 뫼칸(목지국)은 한반도에 걸쳐있었다.

이러한 전삼한은 중국의 통일에 직접적인 영향을 받아 쇠퇴하기 시작한다. 특히 배달국은 북부여를 거쳐 중국고사에 동호라고 불리어지며 BC 300년경 흉노에게 멸망하고, 후에 북만주의 부여국으로 재건되었다. 그리고 고조선은 위만을 거쳐 한무제에게 멸망하였다. 그 후 고조선의 유민들이 한반도에 유입되어 변한이 되며 가야연맹이 된다. 또한 한반도 서북쪽에 있는 뫼칸이 남하하여 마한이 되고 내몽골과 북만주에 있던 진한의 일부 유민이 경주지역으로 들어옴으로써 한반도 내에는 또다시 후삼한이 성립된다. 이때 한반도로 들어 온 삼한은 각각 삼국으로 변하고 그들 국가의 시조(始祖)에 대한 탄생설화가 난생설화로 남아 있다.

보편적으로 국가 시조의 난생설화는 그들의 신분이 알을 깨고 나오듯 왕으로 신분 상승을 했다는 의미이며, 특히 왕족 출신이 아니면서 왕이 될 때 만들어지는 설화이다.

3) 일본열도로 진출하다[5]

한(칸)민족이 일본열도로 진출하는 것은 일본신화에 잘 나타나있다. 신화에서 보면 천상계에서 3신령이 이자나기와 이자나미를 통해 천조대신인 아마테라스와 스사노를 낳고 이자나미가 죽는다고 되어 있다. 여기서 3신령이란 한반도의 삼한을 이야기하는 것이며, 그중에 이자나기는 마한(백제)을, 이자나미는 변한(가야)을 의미한다. 그리고 이자나

---

5) 참조 : 일본개국신화와 삼한

기와 이자나미가 일본열도를 만들었다는 것은 둘 모두가 일본으로 진출했다는 의미이다. 그 후 이자나미가 죽는다는 것은 가야가 백제에게 일본열도의 주도권을 빼앗긴다는 의미이며, 아마테라스에서 천손강림의 니니기까지는 백제로 통합이 되는 과정이 신화화한 것이다. 특히 니니기는 3종신기와 5부신을 데리고 무장한 상태로 구지봉(龜旨峯)으로 내려오는 것으로 되어 있다. 여기서 3종신기는 거울, 검, 옥으로, 이는 신권, 군권, 행정권의 상징이다. 그리고 5부신은 5부 행정기관으로 통치권을 의미한다. 또한 니니기가 내려온 구지봉은 가야와 관련이 있는 것으로 보아 백제가 일본 내의 가야세력을 제압하는 장면을 신화화한 것으로 여겨진다.

더불어 스사노는 명칭이 '사로'에서 나온 것으로 진한(신라)이 일본열도로 진출한 것을 신화화한 것이다. 특히 스사노가 내려온 지역은 이즈모지역으로 신라에 면한 곳이며, 이즈모에는 가장 큰 신사가 있다. 이것은 후에 국토 이양에서 니니기의 후손인 신무천황이 통치를 맡고, 스사노의 후손은 제사를 맡게 되는 과정에서 신라와 백제의 역할 분담이 이루어진 것에 대한 신화적인 표현일 가능성이 크다.

이러한 일본의 신화를 살펴보면 우리의 한반도 내의 삼한이 일본열도를 정복해가는 과정이 상세히 기술되어 있음을 알 수 있다. 그리고 백제계 니니기의 후손이 만세일계로 천황가(家)를 이어서 일본을 통치한다는 것은 지금까지도 일본을 우리 한(칸)민족이 지배하고 있다는 의미도 된다.

5. 남(동)방으로 간 칸인(카수메르)족과 수드라 – 인도[6]

티그리스강 동쪽에서 분화된 수메르의 칸인족 일부가 BC 2300년 경 호르무즈 해협을 따라 남동쪽으로 내려 간 곳이 칸다하르(칸이 다 다른)이다. 이후 그들이 카이바르고개를 넘어 인도 대륙으로 들어가면서 처음 정착한 곳은 카슈미르(카수메르)이며, 이곳에 신시를 세웠을 가능성이 크다. 그리고 BC 2200년경에 인더스강으로 이주하여 모헨조다로와 하라파 그리고 돌라비라에 도시국가를 세운다. 이것이 세계 4대 문명의 하나인 인더스문명이다. 그러나 인더스 혹은 인도라고 하는 것은 잘못된 호칭이다. 왜냐하면 인도에는 또 다른 큰 강이 있다. 그것은 캔지스(칸디스)강이다. 다시 말해서 인도는 캔지스의 '캔'과 인더스의 '인'이 합쳐서 캔인(칸인)이 되어야 한다. 즉, 고대 인도는 우리와 같은 칸인족의 국가인 것이다. 다만 이러한 고대 인더스문명을 이룬 칸인족이 별안간 역사의 무대에서 흔적도 없이 사라졌다.

그러나 이것도 인도의 신화를 잘 살펴보면 확연하게 나타난다. 힌두신화에 보면 파괴의 신인 '시바'가 방에 들어가고자 할 때 아들 '가네샤(칸)'가 앞을 막아섰다가 목이 잘리는 장면이 나온다. 그 후 시바는 가네샤에게 코끼리 머리를 붙여 살려준다.

바로 여기에 고대 인더스문명을 이룬 수메르 칸인족의 운명이 잘 그려져 있다. 신화 속에서 시바는 파괴의 신으로, 아리안족의 무사들이다. 이들이 BC 1400년경 인도를 침입했을 때 가네샤로 명명된 칸인족들은 방의 입구라고 표현된 인도로 들어오는 카이바르(카인+시바)고개에서 방어를 하였다. 그러나 오랜 평화 속에 나태해진 칸인족은 전투적

---

6) 참조 : 시바와 가네샤신화

인 아리안족을 막아내지 못하고 괴멸을 당하게 된다. 이게 바로 가네샤가 목이 잘리는 것으로 신화는 이야기하는 것이다. 또한 코끼리 머리로 바꿔치기했다는 것은 칸인족을 코끼리와 같은 노예로 만들었다는 의미이다.

이것은 인도에서 코끼리가 노역과 중노동의 상징이기도 하지만 코끼리의 신을 가젠드라(카인+수드라)라고 하는 것에서 유추하면 칸인족이 수드라(천민, 노예)가 되었다는 의미를 유추해 볼 수 있다.

더욱이 모헨조다로 유적에서 보면 문명이 사라지게 된 이유 중에 전쟁의 흔적을 찾아 볼 수 없다는 것도 설명이 가능하다. 다시 말해서 칸인족이 아리안족과 싸운 곳은 모헨조다로 등의 도시에서 멀리 떨어진 인도 국경의 카이바르고개이기 때문이다.

그 후 아리안족은 BC 1400년경에서부터 약 400년간 인도의 주도권을 잡기 위한 쟁탈전을 벌였으며, 그것이 '마하바라타 서사시'에 기술된 바와 같다.

인도의 카스트제도 또한 신화 속에 잘 나타나 있다. 인도의 3대 주신은 브라흐마(창조), 시바(파괴), 비슈누(유지)이다. 이들이 브라만(신관)과 크샤트리아(무사)와 바이샤(상인)를 구성했고, 가네샤는 수드라(천민)가 되어 인도의 계급사회를 만든 것이다.

이렇듯 고대의 찬란한 인더스문명을 이루었던 수메르의 칸인족은 아직도 인도 사회의 하층계급인 천민(수드라)의 상태를 벗어나지 못하고 있다. 이것은 그들이 고대 인도문명의 주역이었다는 역사적인 사실을 잊어버리고 허무주의에 빠져있는 것이 원인이다. 그리고 더 이상의 미래에 대한 희망과 발전적인 의지 없이 현실에 안주하는 나태한 정신 때문이다. 그래서 아직까지도 현재와 같은 종속적인 상태에서 벗어나지 못하고 있다. 더불어 우리 한(칸)민족도 지금과 같이 일제 식민사관에 빠져 주체적인 역사의식을 잊고 현실 쾌락주의에 심취해 있다면 같은 길을 갈 수밖에 없다는 것을 잘 알아야 한다.

6. 서방으로 간 우르(갈데아)인과 아브라함 – 가나안[7]

성서에 의하면 아담과 이브가 에덴에서 쫓겨나와 자식을 낳는다. 큰 아들은 카인이고, 작은아들은 아벨이다. 카인이 농사를 짓고, 아벨은 유목을 했다. 그러나 하나님이 카인이 경작해서 바치는 제물은 받지 않고 아벨이 목축한 제물을 받아주기 때문에, 카인이 시샘하여 아벨을 죽인다고 되어 있다. 이것에는 상징적인 의미가 있다. 특히 에덴에서 쫓겨난 후에 일어난 일로 종족간의 분열이 일어난 것을 알 수 있다. 또한 아브라함을 믿음의 조상으로 하는 유대인의 주요 산업이 목축이다. 이 때문에 목축에 주안점을 두고 있어서 농경을 경시하는 뜻으로 카인을 살인자로 했을 가능성이 크다. 그러나 성서에는 카인의 후손이 유대인 역사의 뒤를 이어간 것으로 기록되어 있다. 이것은 모순이다. 왜냐하면 농경민족은 유목민족이 될 수는 없다. 후에 유대인이 되는 유목민족은 성서에서 아벨일 가능성이 더 크다. 카인은 말 그대로 에덴의 동쪽으로 멀리 농경을 할 수 있는 곳으로 떠나갔다. 그리고 유대인에게 믿음의 조상인 아브라함(아벨)은 에덴(메소포타미아)의 서쪽 가나안 땅에 정착하고 목축을 주업으로 하였다.

아브라함은 갈데아 '우르' 사람이라고 한다. 여기서 우르란 메소포

---

7) 참조 : 아브라함과 유대민족

타미아의 우르왕국을 지칭하는 것으로 아브라함이 수메르인이라는 의미이다. 아브라함이 가나안에 정착하기까지는 우여곡절이 많았다. 원래 가나안에는 토착부족이 있었으나, 그 주변지역에 비해 비옥한 지역으로 남아 있어서 외침이 심한 곳이었다. BC 2000년경에 아브라함은 일단의 무리를 이끌고 이 지역을 탈취한다. 그리고 그곳에 정착하여 이삭을 낳고, 이삭은 야곱을 낳았다. 야곱의 막내아들이 바로 요셉이다. 이 요셉은 이집트(힉소스) 역사 속에도 등장하는 실존인물이다.

7. 북(서)방으로 간 우르(수메르)인과 미노타우로스 - 크레타[8]

티그리스강 동쪽에서 봉기에 실패한 수메르의 우르(칸)인들 중의 일부는 사르곤 1세의 추격을 피해 서북쪽으로 이동한다. 그 중의 일단의 무리가 지중해에 도달하고 더 이상 갈 곳이 없자 배를 이용하여 지중해를 건너가기로 한다. 그리고 마침내는 크레타섬에 도착한다. 이것이 그리스신화의 천왕신인 우라노스(Uranos : 우르사람)의 탄생이다. 그들은 흰 돛단배를 타고 바다를 건넜다. 이 과정이 그리스신화에는 바다의 신 포세이돈이 미노아왕에게 재물로 쓰라고 잡아온 흰색 황소로 그려져 있다. 그러나 미노아왕의 왕비는 이 황소와 성관계를 하여 자식을 낳게 되고, 그가 소머리에 인간의 몸을 한 미노타우로스이다. 이것은 우르의 수메르인이 토착부족과 혼합되는 과정을 보여준다. 이렇게 탄생한 미노타우로스는 미궁에 갇히게 되고, 후에 태세우스에게 죽임을 당한다.

---

8) 참조 : 그리스신화와 에게해문명

또 그리스신화는 천왕인 우라노스가 아들 크로노스(Cronos)에게 죽임을 당한다. 이것이 우라노스가 우르에서 전파해 온 미노아문명이라면, 크로노스는 크레타섬에서 그리스 본토의 펠로폰네소스반도에 전승된 미케네문명을 나타내는 것이다. 그리고 신화는 문명의 주도권이 크레타섬에서 그리스 본토로 이전됨을 보여준다. 여기서 그리스 본토의 지역명칭이 발칸(밝은)반도인 것도 우리와 같이 수메르인의 태양숭배 신앙과 관계가 있는 것으로 보인다.

이후 신화는 크로노스가 제우스를 포함한 12신에게 죽게 되는데, 이것은 제우스가 북방의 도리아족의 상징으로, 미케네문명이 도리아족에게 멸망하는 과정을 나타낸다.

8. 우리 한(칸)민족의 뿌리 찾기

우리 한(칸)민족의 뿌리를 찾기 위해 고대 인류문명의 초기신화를 살펴보았으며, 그 속에서 중요한 공통점을 찾았다. 우선 그들 모두가 동일민족에서 시작했다는 것과 동일한 시기에 전 세계로 흩어졌다는 것이다. 그리고 그들은 도착한 각각의 지역에 뿌리를 내리고 새로운 문명을 일으켰다는 것이다. 또한 우리 한민족이 그들 중 한 갈래에 속한다는 것을 우리에게 전승된 단군신화를 통해 알 수 있다. 이렇듯 우리 한민족의 뿌리는 먼 이국땅인 메소포타미아의 수메르에서 시작했고, 우리의 고대명칭은 '우르(울)'이며, '수메르(소머리)'이고, '칸인(환인)'족이다. 그 중 우리는 칸인을 선택하고, 칸민족이 되었으며, 한 자식 발음에 따라 한(환)민족으로 불려졌다.

이렇듯 한민족의 뿌리 찾기에서 나타난 내용은 명확하다. 이 책에서는 앞서의 내용을 중심으로 보다 구체적인 사실을 알아보기 위해 다음 장에서부터는 이제까지 전승되어온 고대신화를 분석해 본다. 그리고 현재까지 체계적으로 밝혀진 역사적인 사실에 대비하여 하나하나 다시 확인하고, 그 내용을 재평가한다.

제2장

성서이야기와
메소포타미아문명

제2장
성서이야기와
메소포타미아문명

우리민족의 뿌리 찾기에서 처음부터 성서이야기를 하는 것은 다소
허황되게 보일 수 있다. 그러나 우리민족의 뿌리에 대한 근원이 수메르
일 가능성이 크기 때문에 메소포타미아문명에서 시작할 필요가 있다.
그리고 성서 속의 에덴이 바로 이 지역이라는 것이 일반적으로 잘 알려
진 사실이다. 그래서 우리민족의 뿌리는 성서의 창세기에서부터 찾아보
는 것이 타당할 것이다.

이 장에서는 한(칸)민족이 왜 메소포타미아문명과 직접적인 관련이
있는지를 알아보고 신화로서 천지창조에 대한 내용을 분석하여 수메
르문명과의 연관성을 찾아본다.

1. 천지 창조와 수메르문명

천지창조에서 나타나는 키워드는 에덴의 동쪽, 화염검, 카인으로 카인의

기원과 세계 각지로 퍼진 민족이야기가 수메르문명과 어떠한 상관이 있는지가 중심이 된다.

1) 에덴동산과 메소포타미아지역[9]

성서에 나오는 에덴(Eden)동산은 인류 최초로 창조된 아담과 이브가 하나님의 명령을 거역하고 추방을 당하기 전에 살았던 곳이다. 특히 에덴동산이라는 말은 수메르어로 '평지'라는 뜻을 가지고 있다. 성서에서의 에덴은 '이스라엘의 하나님인 야훼의 동산'이라고 한다.

성서의 창조설화에 따르면 '이스라엘 동쪽의 강들이 에덴에서 발원하여 세상의 4곳으로 흘러간다.'고 했으며, 수메르의 기록에도 이와 유사한 설화들이 나온다. 이것은 지상낙원에 관한 이야기가 고대 근동지역 신화와 동일한 것임을 알 수 있으며, 에덴동산 설화는 인간의 삶이 행복한 상태에서 불행해지는 과정과 죽음에 대하여 어떻게 받아들이는가를 신화적으로 표현한 것이다.

창세기 2장 10~15절 내용에 따르면 에덴동산에서 네 개의 강이 발원하는 것으로 되어 있다. 그 중에서 비손과 기혼 두 강은 강의 유역 변경 등의 이유로 현재 지명에 없어서 정확한 위치를 알 수 없다. 그러나 세 번째 강의 이름은 힛데겔(티그리스)이며, 앗수르 동편으로 흐른다고 했고, 네 번째 강은 유브라데라고 했다. 이것으로 보아 나머지 두 강은 곧 현재 시리아 동쪽 이라크에 흐르고 있는 티그리스강과 유프라테스강이 된다. 그래서 많은 역사가들은 성서의 에덴동산을 유프라테스강과 티그리스강 사이의 메소포타미아지역으로 꼽고 있다. 이것으

9) 출처 : daum / 지식

로 보면 천지창조에서 아담의 탄생 이야기와 에덴동산은 인류 최초의 문명인 수메르문명과 관계가 있는 것으로 보인다. 특히 메소포타미아지역은 유프라테스와 티그리스강 사이의 지역으로 농경에 유리한 지역이다. 이곳이 에덴동산으로 지목되는 것은 최초의 문명이 발생한 지역이기도 하지만 여러 가지로 인간이 살기에 좋은 조건을 가지고 있는 곳이기 때문이다. 또한 정착 생활을 할 수 있는 농경과 목축이 가능하며, 곡물의 생산량도 다른 지역보다 훨씬 유리한 비옥한 지역이기 때문이기도 하다. 특히 문명의 발생은 농경과 목축이 혼재되어 있는 지역에서 시작하고 발전되는 것이 일반적이다. 그래서 메소포타미아지역은 농경과 유목이 결합하여 상호보완적인 역할로 더 나은 생산성과 윤택한 생활을 영위할 수 있는 조건을 만들어 주는 곳이다. 목축을 통해 시장과 유통의 경제구조를 형성할 수 있고 농경을 통해 산업 생산적인 사회를 구성함으로써 고대문명의 탄생을 이루는 중요한 역할을 할 수 있다. 이것이 메소포타미아를 에덴동산으로 만든 결정적인 이유이다.

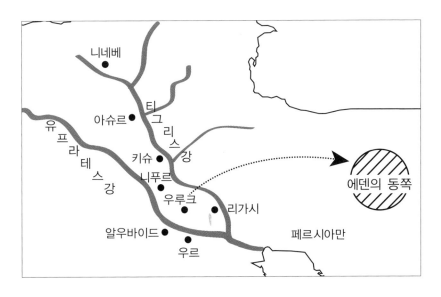

2) 이브의 탄생과 이집트신화

이브가 태어나는 과정을 성서는 창세기 2장 18~25에서 다음과 같이 묘사하고 있다.

여호와 하나님이 가라사대 사람의 독처하는 것이 좋지 못하니 내가 그를 위하여 돕는 배필을 지으리라 하시니라.

여호와 하나님이 흙으로 각종 들짐승과 공중의 각종 새를 지으시고 아담이 어떻게 이름을 짓나 보시려고 그것들을 그에게로 이끌어 이르시니 아담이 각 생물을 일컫는 바가 곧 그 이름이라. 아담이 모든 육축과 공중의 새와 들의 모든 짐승에게 이름을 주니라.

아담이 돕는 배필이 없으므로 여호와 하나님이 아담을 깊이 잠들게 하시니 잠들매 그가 그 갈빗대 하나를 취하고 살로 대신 채우시고 여호와 하나님이 아담에게서 취하신 그 갈빗대로 여자를 만드시고 그를 아담에게로 이끌어 오시니 아담이 가로되 이는 내 뼈 중의 뼈요 살 중의 살이라.

이것을 남자에게서 취하였은즉 여자라 칭하리라 하니라. 이러므로 남자가 부모를 떠나 그 아내와 연합하여 둘이 한 몸을 이룰 지로다. 아담과 그 아내(이브) 두 사람이 벌거벗었으나 부끄러워 아니하니라.

이브는 아담의 갈비뼈로 태어났다. 즉, 남성에서 여성이 태어났다는 것은 부계 중심 사고방식에서 나온 논리이다. 그러나 여기에는 또 다른 함축적인 의미가 있다. 이렇게 아담이 먼저 이브가 나중이라는 개념은 고대문명의 발생 단계에서 보면 초기의 어떤 문명이 이브로 지칭되는 또 다른 파생문명을 이룩했다는 의미가 되는 것이다. 이러한 관점에서 아담이 메소포타미아문명이라면 고대 이집트문명은 파생문명으로 이브가 된다. 그리고 이집트문명은 수메르에서 전파되거나 직접적인 영향을 받았다는 뜻으로 볼 수 있다. 즉, 아담의 갈비뼈에서 이브가 탄생하였다는 것은 BC 3800년부터 발달된 초기 수메르문명의 일부가 BC 3000년경에 이집트로 건너가 새로운 이집트문명을 세웠다는 의미이다. 이러한 점은 이집트의 신왕인 오시리스의 업적에서 살펴볼 수 있다. 오시리스의 이집트어 이름은 '우시르'이며, 이것은 우르의 변형된 명칭으로 보인다. 특히 오시리스가 그 당시 미개한 이집트 사회에 농경과 작물재배 등을 가르치고 식인 풍습을 없앴다는 것으로 보아 그 당시 보다 문명화된 수메르문명의 유입을 뜻한다고 볼 수 있다.

유물을 보면 성서에서 '벌거벗었으나 부끄러워하지 않았다.'고 하는 것은 초기 수메르의 생활풍습이 벌거벗고 생활한 것에서 잘 나타나 있다. 그리고 그와 같은 풍습은 고대 그리스의 체전이나 현대 인도의 조로아스터교 사제들에게서 찾아 볼 수 있다.

3) 에덴동산에서 축출과 화염검

아담과 이브가 에덴동산에서 축출되었을 때 성서는 창세기 3장에서 다음과 같이 묘사하고 있다.

여호와 하나님이 에덴동산에서 그 사람을 내어 보내서 그의 근본된 토지를 갈게 하시니라. 이같이 하나님이 그 사람을 쫓아내시고 에덴동산 동편에 그룹들과 두루 도는 화염검을 두어 생명나무의 길을 지키게 하시니라.

여기에는 아담과 이브가 에덴동산에서 쫓겨나는 과정이 기술되어 있으며, 그 후에 토지를 갈게 한다는 의미는 지위의 하락을 뜻한다. 즉, 고귀하고 높은 신분에서 농부로 전락한 것을 의미한다. 또한 여기서

'두루 도는 검'이란 화살을 지칭하는 것이다. 특히 나르는 화염검이란 밤에 쏘는 불화살이다. 밤에 불화살을 쏘는 이유는 화살이 날아가는 궤적도 추적하고 목표에 정확하게 맞았는지 여부를 확인하기 위해서이다.

사르곤 1세

이와 같은 성서의 내용을 살펴보면, 이는 정복자와 피정복자간에 일어난 일련의 사건으로 메소포타미아에서 고대에 일어난 어떤 사건의 신화적인 표현일 가능성이 크다. 즉, 이 지역에서 고대에 일어난 가장 큰 사건은 BC 2350년경 사르곤 1세에게 정복당한 것이며, 이것이 수메르인들에게는 실낙원으로 비쳐질 수도 있다. 그리고 에덴동산 주변을 나르는 검이 보호하고 있다는 것은 동쪽으로 쫓겨나간 수메르인이 다시는 메소포타미아지역으로 접근하지 못하게 밤낮으로 사르곤 1세의 궁수부대가 티그리스강의 동쪽에서 지키고 있었다는 의미도 된다.

4) 카인과 농경문명

성서의 창세기 4장에는 아담과 이브가 낳은 자식인 카인이 동생 아벨을 살해하는 내용이 나온다.

아담이 그의 아내 하와와 동침하매 하와가 임신하여 가인을 낳고 이르되 내가 여호와로 말미암아 득남하였다 하니라. 그가 또 가인의 아우 아벨을 낳았는데 아벨은 양 치는 자였고 가인은 농사하는 자였더라. 세월이 지난 후에 가인은 땅의 소산으로 제물을 삼아 여호와께 드렸고 아벨은 자기도 양의 첫 새끼와 그 기름으로 드렸더니 여호와께서 아벨과 그의 제물은 받으셨으나 가인과 그의 제물은 받지 아니하신 지라. 가인이 몹시 분하여 안색이 변하니 여호와께서 가인에게 이르시되 네가 분하여 함은 어찌됨이며 안색이 변함은 어찌됨이냐. 네가 선을 행하면 어찌 낯을 들지 못하겠느냐. 선을 행하지 아니하면 죄가 문에 엎드려 있느니라. 죄가 너를 원하나 너는 죄를 다스릴 지니라.

가인이 그의 아우 아벨에게 말하고 그들이 들에 있을 때에 가인이 그의 아우 아벨을 쳐죽이니라. 여호와께서 가인에게 이르시되 네 아우 아벨이 어디 있느냐. 그가 이르되 내가 알지 못하나이다. 내가 내 아우를 지키는 자니이까 이르시되 네가 무엇을 하였느냐. 네 아우의 핏소리가 땅에서부터 내게 호소하느니라. 땅이 그 입을 벌려 네 손에서부터 네 아우의 피를 받았은즉 네가 땅에서 저주를 받으리니 네가 밭을 갈아도 땅이 다시는 그 효력을 네게 주지 아니할 것이요. 너는 땅에서 피하며 유리하는 자가 되리라. 가인이 여호와께 아뢰되 내 죄벌이 지기가 너무 무거우니이다. 주께서 오늘 이 지면에서 나를 쫓아내시온즉 내가 주의 낯을 뵈옵지 못하리니 내가 땅에서 피하며 유리하는 자가 될 지라. 무릇 나를 만나는 자마다 나를 죽이겠나이다. 여호와께서 그에게 이르시되 그렇지 아니하다. 가인을 죽이는 자는 벌을 칠 배나 받으리라 하시고 가인에게 표를 주사 그를 만나는 모든 사람에게서 죽임을 면하게 하시니라. 가인이 여호와 앞을 떠나서 에덴 동쪽 놋 땅에 거주하더라.

이러한 성서의 내용에 따르면 에덴에서 쫓겨난 뒤 아담과 이브 사이에는 카인과 아벨이라는 아들이 있었다. 그리고 그 중에 아벨은 목축을, 카인은 농경을 하는 사람으로 묘사되어 있다. 이것은 일종의 상징성을 갖고 있는 내용이다. 즉, 이 내용의 이면에는 에덴동산에서 나온 후 카인과 아벨의 종족 간 불화가 일어났다는 의미를 가지고 있다. 특히 카인이 아벨을 죽인다는 의미는 농경과 목축을 하는 종족간의 결별을 뜻한다. 그리고 카인이 에덴의 동쪽으로 갔다는 것은 농경족인 카인족이 티그리스강 동쪽으로 더 멀리 이동해 간 것을 의미한다.

성서상의 카인은 에덴에서 쫓겨 난 농경부족이며, 이때의 에덴은 메소포타미아지역이다. 또한 아담과 이브가 수메르민족이라면 카인은 수메르민족 중에서 농경을 하는 종족이다. 여기서 살인자의 징표라는 의미는 눈에 잘 띄는 얼굴에 나타나는 징표로 볼 수 있다. 특히 수메르의 유목부족은 산발하는 데 반해서, 농경부족은 상투나 머리를 묶고 다닌 것으로 묘사된다. 이것은 셈계 정복자 아카드의 사르곤도 수메르 정복 후에 상투를 틀고 다닌 것으로 보아 카인의 징표는 상투를 일컬음일 것이다. 여기서 유목부족이 산발하는 이유는 굳이 묶지 않아도 생활에 불편함이 없기 때문이다. 이것은 후세의 유대인을 보아도 상투를 틀지 않고 산발한 것을 보면 알 수 있다. 이에 반해 농경을 하는 사람들은 산발을 하는 경우에 흘러내리는 머리카락으로 인해 농사를 짓는 데 어려움이 있을 수 있다. 그래서 상투를 틀거나 머리카락을 동여매는 머리띠를 할 수밖에 없다. 이러한 점으로 보아 카인은 성서의 내용과 같이 아벨과 결별하고 에덴의 동쪽을 떠나 농경이 가능한 더욱 먼 동쪽의 어느 곳으로 갔을 것이라는 예측이 가능하다.

5) 바벨탑과 카인족의 분화

성서에서 창세기 11장을 살펴보면 한 종족이 전 세계로 분화되는 과정이 묘사된 바벨탑이야기가 나온다.

> 온 땅의 구음이 하나이요 언어가 하나이었더라. 이에 그들이 동방으로 옮기다가 시날 평지를 만나 거기 거하며, 서로 말하되 자, 벽돌을 만들어 견고히 굽자 하고 이에 벽돌로 돌을 대신하며 역청으로 진흙을 대신하고 서로 말하되 자, 성과 대를 쌓아 대 꼭대기를 하늘에 닿게 하여 우리 이름을 내고 온 지면에 흩어짐을 면하자 하였더니, 여호와께서 인생들의 쌓는 성과 대를 보시려고 강림하셨더라. 여호와께서 가라사대 이 무리가 한 족속이요 언어도 하나이므로 이같이 시작하였으니 이후로는 그 경영하는 일을 금지할 수 없으리로다. 자, 우리가 내려가서 거기서 그들의 언어를 혼잡케 하여 그들로 서로 알아듣지 못하게 하자 하시고 여호와께서 거기서 그들을 온 지면에 흩으신 고로 그들이 성 쌓기를 그쳤더라. 그러므로 그 이름을 바벨이라 하니 이는 여호와께서 거기서 온 땅의 언어를 혼잡케 하셨음이라. 여호와께서 거기서 그들을 온 지면에 흩으셨더라.

여기서 표현된 바벨탑은 지구라트를 의미한다. 실제적인 바벨탑은 후대에 만들어진 신바빌로니아시대의 다층탑을 지칭하며, 이는 성서의 시기와 맞지 않는다. 이때의 바벨탑이 가지고 있는 의미는 강력한 힘에 대한 저항이다. 그리고 이것은 고대 수메르문명이 어떠한 계기에 의해 전 세계로 흩어졌다는 의미로 볼 수 있다. 그래서 우리는 그들이 흩어지는 과정에서 나타나는 여러 가지 상황을 통해 그 당시의 역사적인 사실을 유추해 볼 수 있다. 만일 수메르인들의 역사 속에서 어떤 강력한 힘에 의해 사방으로 흩어졌다면 그것은 아카드의 사르곤 1세가 수메르를 정복할 때일 것이다.

사르곤 1세가 수메르를 정복하자 수메르, 특히 우르의 한 종족(카인 혹은 칸인족)이 강력하게 반발하여 저항을 계속하였다. 그러자 사르곤은 그들을 제압하여 사방으로 흩어지게 만든 것이다. 그래서 성서의 바벨탑이야기는 그들이 흩어지는 과정을 묘사한 것으로 볼 수 있다. 이 과정은 비슷한 시기에 수메르문명이 전 세계로 흩어지는 것으로 나타났으며, 그 결과가 세계 도처에서 발견된다. 즉, 비슷한 시기에 발생된 우리 한민족의 뿌리 문명인 홍산(요하)문명과 인도의 인더스문명 그리고 애게해의 미노아(크레타섬)문명과 유대의 아브라함이 가나안으로 들어가는 과정과 시기가 유사하다.

2. 수메르문명의 개관

우리민족의 뿌리 찾기에서 수메르문명을 가장 먼저 살펴보는 이유는 우리민족이 고대 수메르에서 시작했다는 가정을 입증하기 위함이다. 특히 수메르에서 우르왕조가 우리민족과 직접적인 관련이 있음을 살펴보기 위해서 우르왕조와 우리의 문명적 특징을 비교하고 상호 연관성을 찾아본다.

여기서 우리민족과 직접 관련된 우르왕조는 초기 왕조시대로 BC 3800~ BC 2300년까지의 시기이며, 그 이후는 우리와 별로 상관없는 문명권이 된다.

1) 우르왕조와 수메르[10]

수메르문명의 키워드는 우르, 수메르이며, 초기 우르왕조의 문화와 종교

---

10) 참조 : Naver / 두산백과

그리고 관료체계가 고대 우리민족과의 유사성에 대한 연관이 중요하다.

(1) 수메르문명의 시작

수메르문명의 시작은 BC 7000~BC 6000년경, 현재의 우르에서 북서쪽으로 1,000Km 떨어진 터키 아나톨리아 고원지대에서 정주한 케이오누족에서 시작되었다. 그들은 그 후 발달한 촌락문화, 즉 하라프문화를 아시리아 각지에 전파시켰다. 그들은 아름다운 채문토기를 만들었고, 금속인 구리를 사용하기 시작하였다. 이 무렵 남부의 수메르지방에서도 최초의 정주생활이 시작되어 에리두문화를 이룩하였다.

다음의 금석 병용시기의 문화는 우바이드(Ubaid : BC 5900년~BC 4000년경)문화와 우루크(BC 4000년~BC 3100년)문화로 보인다. 우바이드문화기에 인류의 정착지는 점차 팽창하고 발전하였다. 또한 구리의 야금술이 발달하여, 분포 범위도 수메르에서 지중해 연안까지 확대되었다. 우루크문화는 수메르문명의 성립기로서 파악된다.

BC 3200년경에는 그림문자가 사용되었으며, 도시국가가 탄생하였다. 금석 병용기를 지나 청동기로 접어들며 가장 처음 발생한 문화는 젬데트 나스르(BC 3100년~BC 2900년)문화이다. 이후 다양한 도시국가들이 병립하는 초기 왕조시대가 약 500년간(BC 2900년~BC 2350년) 지속되었다.

(2) 초기 우르(Ur)왕조시대

수메르문명의 초기 단계에서 이루어진 우르왕조는 BC 3800년경 티그리스강과 유프라테스강 사이의 메소포타미아지역에 성립되었다. 이들은 강의 북부지역에서 이주한 것으로 보이는 유목과 농경민들이 혼합된 청동기문명 단계에 속한 이주민이다. 이들의 정착생활은 성서에 묘사된 것처럼 대홍수를 거쳐 그 뒤를 이은 초기 원시 문자시대 단계의 문명이다. 이것은 도시문명 형태로 존재하였고, 그 중에 가장 큰 도시는 우르이다. 당시의 우르는 왕조라고 할 수 있을 정도의 강력한 힘을 가진 권력자가 존재했다.

수메르의 제1왕조(BC 2500년경)시대에 우르는 메소포타미아 남부의 수도였으며, 제1왕조 이전에 조성된 광대한 공동묘지 유적에서는 상당량의 금·은·동 귀금속과 보석류가 들어 있는 왕의 무덤이 발굴되었다. 이것으로 우르가 농경 생산성이 높아서 상당히 부유했고, 높은 수준의 문명을 가지고 있었음을 알 수 있다. 이 당시에는 왕이 죽으면 순장제도를 실시해서 왕과 관련된 여성 및 시종과 노예 등을 함께 묻는 관습이 일반화되어 있었다는 사실도 밝혀졌다. 이러한 순장제도를 통해 사후에도 현세의 지위를 유지하고 왕을 계속 섬기도록 의무화한 것으로 보인다. 특히 왕의 무덤에서 발굴된 각종 유물들은 수메르문명의 수준을 알아 볼 수 있는 중요한 자료이다. 특히 발굴된 유물들은 주로 악기나 무기 또는 조각상과 조개껍질 장식 그리고 모자이크 그림 및 원통인장 등으로 초기 수메르문명을 연구하는 데 중요한 자료들이 대량으로 나왔다. 또한 우르 근교의 알 우바이드에서 발굴된 작은 신전에서는 조각상이 모자이크와 금속부조로 호화롭게 장식되었으며, 기둥은 화려한 모자이크와 동판으로 덮여 있었다. 제1왕조 때 세워진 이 신전의 주춧돌 명판에는 설립 날짜가 새겨져 있는데, 이를 통해 고대 수메르 역사를 살펴 볼 수 있었으며, 당시 우르왕조의 존재가 입증되었다. 신전에서 발굴된 여러 가지 비문을 통해 BC 2300년경에 초기 수메르를 정복하고 강력한 통치를 한 것으로 알려진 아카드의 전설적인 왕 사르곤 1세가 실존인물이었음이 밝혀졌다.

건축기술에 있어서는 알려진 바에 의하면 이미 BC 3000년경에도 수메르 건축가들이 벽돌조적 기법에 능통하여 아치와 볼트 및 돔 등 조적조 건축의 모든 기본 형태를 잘 알고 각종 건축물에 적용하여 축조하여 사용한 것으로 알려져 있다.

(3) 아카드왕조시대

수메르를 이은 아카드의 제3왕조(BC 2300년경)시대에는 다시 우르가 제국의 수도가 되었다. 그리고 지금까지 현존하는 중요한 건축 기념물들이 바로 이때 지어졌으며, 그 중에서 가장 뛰어난 건축물은 지구라트이다. 이것은 앞서의 조적건축기법의 총화로 다층구조를 이루는 건축물로 이후 현대문명에 이르기까지의 효시가 된다.

지구라트의 구조는 내부에 양건벽돌로 쌓고, 외부는 구운 벽돌을 역청을 이용하여 축조한 3층짜리 계단식 구조물이다. 이러한 형상은 이집트의 계단식 피라미드와 홍산문명의 적석총 그리고 마야문명의 신전건축에서도 나타난다. 지구라트 최상층에는 달의 신 '난나'의 작은 신전을 두었는데, 이 신은 우르의 수호신이자 신들의 왕이기도 하다. 지구라트의 밑변은 가로 46m, 세로 64m, 높이는 약 12m이다. 3면의 벽은 수직에 가깝도록 깎아지른 듯 세우고 부축벽으로 보강되어 있다. 동북쪽 방향의 정면에는 각각 100개의 단으로 된 계단이 3개 있는데, 하나는 건물 가운데를 따라 직각 방향으로 전면 돌출되어 있고, 나머지 둘은 벽에 기대어 만들어졌다. 3개의 계단은 1층 테라스와 2층 테라스 사이에 있는 입구에서 만난다. 이 입구에서 최상층 테라스와 작은 신전의 문으로 통하는 계단이 놓여 있다. 우르 남무왕조가 세운 지구라트의 하부는 아직도 놀라울 만큼 잘 보존되어 있었으며, 상부는 지금도 원형으로 복원이 가능할 만큼 충분히 남아 있다.

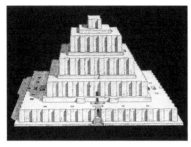

초가잔빌 지구라트의 원래 모습 　 지구라트 남서쪽 문과 제단

　제3왕조의 유적들은 이미 그 이전시대의 수메르 건축술이 아치와 볼트 및 돔 등 조적조 건축의 모든 기법을 잘 알고 사용하고 있었음을 말해주고 있으며, 지구라트야말로 그 기술의 극치를 보여주고 있다. 특히 이 구조물에는 직선이 없다. 바닥, 꼭대기, 모퉁이와 모퉁이의 모든 벽은 볼록한 곡선으로 이루어져 있다. 이러한 곡선 때문에 매우 튼튼하다는 느낌을 준다. 이러한 건축기법은 뒤에 그리스 아테네의 파르테논 신전 건축과 우리나라 고려시대의 무량수전에서 보이는 엔타시스(Entasis)의 원리와 동일한 것이다.

(4) 후기 우르왕조시대

　BC 2100년~BC 600년의 제4왕조는 제3왕조 때 약탈당하고 파괴된 신전을 다시 복구하여 종교적 구심점으로 삼았다. 이 당시 우르는 왕조의 수도가 아니었으나 강과 운하를 통해 해외무역의 중심지로 종교와 교역에서는 여전히 중요했다. 제3왕조와 라르사시대에는 인더스문명에서 보여주는 도장이 우르에서도 발견되었으며, 수많은 점토판을 통해서 해외무역 방식이 밝혀졌다.

우르시 주택가에서 많은 점토판이 발굴되었다. 라르사시대와 바빌론 함무라비시대에 지어진 평민의 주택은 생활에 편리하게 잘 지은 2층 집이었으며, 개개인의 사생활이 보장되고 기후에 잘 적응한 건축물로 손님을 위한 편의시설을 충분히 갖추고 있었다. 주택 내부에는 가족이 숭배하는 신을 위한 예배장소가 있었으며, 가족이 죽으면 그 밑에 묻었다. 국가적인 대신전뿐만 아니라 평민이 믿는 여러 신을 숭배하는 작은 신전도 발굴됨으로써 바빌론의 종교관습이 잘 나타나고 있다.

(5) 신바빌로니아시대

우르는 오랫동안 방치되어 있다가, 신바빌로니아의 네부카드네자르 2세(BC 605년~BC 562년)시대에 또 다시 부흥기를 맞았다. 그는 우르시를 실질적으로 재건했으며, 바빌론의 마지막 왕 나보니두스(BC 556년~BC 539년)도 지구라트의 높이를 7층으로 늘리는 개조에 힘썼다.

우르의 마지막 시기(BC 600년~BC 400년경)에 도시를 재건한 아케메네스 왕조의 키루스 대제는 새 정복지의 주민을 회유하기 위해 종교의 자유를 주어 그들의 신을 섬기게 했다. 그 후 우르는 완전히 쇠퇴했고 아르타크세르크세스 2세시대까지 간신히 유지되었으나, 이 무렵에 유프라테스강의 물길이 바뀌고 농경에 필요한 관개시설이 모두 파괴됨으로써 대지는 사막으로 변하였으며, 마침내 우르에도 사람이 살지 않게 된 것 같다.

2) 수메르의 종교와 문화[11]

고대 수메르의 문명은 메소포타미아지방이 개방적인 지형 조건을 갖춘 탓에 이민족의 침입이 빈번해 민족들 간의 흥망이 거듭되었으며 농경과 유목의 혼합지역으로 문화교류와 상업 활동이 활발히 이루어졌다. 정치와 종교가 일치하는 제정일치의 사회로 최고의 통치자가 제사장도 겸했다. '지구라트'라는 신전이 정치의 중심이 되었다. 함무라비 시대에는 법전을 편찬하였으며, 종교는 범신론적 다신교였으며, 태음력과 우리가 사용하고 있는 60진법 및 점성술과 천문학 등이 발달하였다.

지구라트 해시계   지구라트 쐐기문자. 엘람어

수메르의 종교에서 초기 수메르인의 신들은 공동체의 삶을 중심으로 현실화, 지역화되는 경향이 있었다. 이때와 그 이후 시기의 주요 관심사는 들판·물·가축 등의 물질적인 풍요였다. 이 기간 동안 신의 외적인 표현은 그를 상징하는 현상의 형태로 나타났다. 예를 들면 비구름과 연관된 신은 사자 머리를 하고 하늘을 나는 검은 새로 묘사되었다. 아시리아와 바빌로니아의 신은 수메르의 신을 대신하지 않고 옛 체계에 점차 동화되었으며, 그 지역 역사에서 그리고 티그리스·유프라테

---

11) 출처 : Daum / 블로그

스강 유역에 있는 여러 도시국가의 변화무쌍한 관계 속에서 활동한 것으로 나타난다. 광대한 바빌로니아와 아시리아제국의 발전과 함께 왕의 모습은 신의 초월성을 나타내는 데 사용되었다. 이후에는 신이 인간과 같은 모습으로 이해되었다. 신이 나타나는 모습은 왕에게 하듯이 음식과 의복을 바치고 시중드는 것으로 묘사되었다. 신의 중요한 임무는 왕과 마찬가지로 풍요와 안정을 보장해주는 것이었다.

국가 종교는 신전에서 신에게 음식을 바치고 시중드는 일을 중심으로 조직되었다. 신전은 종교 중심지로서의 기능 이외에도 왕의 통제 아래 식량을 재분배하는 중심지 기능도 했다. 이 신전들 가운데 대부분은 매우 검소했지만, 바빌로니아에 있는 마르두크(말뚝) 신전 같은 몇몇 신전은 세계적인 명성을 누렸다. 이 신전에서 집행되던 종교의식은 일반적으로 공개적인 것이 아니었고, 특별한 날에만 신상을 신전 밖으로 가지고 나와 시민들 앞에서 시가 행렬을 벌였다. 사제들은 신의 집으로 생각된 신전에서 매일 예배를 드렸다. 메소포타미아의 종교건물 가운데 가장 주목할 만한 것은 지구라트이지만, 그것이 이 지역 종교에서 어떤 기능을 가졌는지는 알려지지 않고 있다.

신전에 모신 신 주위에는 의식과 연관된 많은 공직자가 있었다. 이 중에서 왕의 역할은 매년 봄에 열리는 새해축제 때 더욱 중요했는데, 이 축제 때는 왕의 존엄이 새로워지고, 신이 혼돈의 세력들을 눌러 이긴 것을 기념했다. 이러한 의식에서 신의 역할은 왕이 맡았던 것으로 보인다. 이 의식 가운데는 그 해의 다산을 다짐하는 '성스러운 혼인식'이 있었다. 왕 외에도 사제 및 여사제와 주문과 점술을 맡은 이들을 포함해 30여 종류의 책임을 맡은 각각의 사람들이 의식집행에 참여했다. 징조를 살펴 신의 뜻을 파악하는 정교한 체계가 발달했는데, 여기서 가장 중요한 요소는 동물의 내장을 관찰하여 점을 치는 방법이었다.

　메소포타미아 종교의 가장 큰 특색은 성교를 신성시했다는 점이다. 그래서 왕은 1년에 한 차례 정도 여사제나 '이슈타르(전쟁과 성애의 여신)' 같은 사랑의 여신과 성관계를 맺었으며, 그 이유로는 풍요롭고 안정된 한 해와 왕의 성공적인 통치를 기원하기 위해서이다.

　만신전(萬神殿)에 들어 있는 신의 수는 수백 명에 이르지만, 그 중에서 중요한 역할을 하는 신은 비교적 적은 숫자였다. 고대 신 가운데서도 특히 중요한 신은 하늘의 신으로서 가장 오래된 신인 '아누', 물과 연관된 신으로서 후대에 아카드의 신 '에아'와 동일시된 '엔키', 신들 위에 군림했던 것이 분명한 땅의 신인 '엔릴' 등이 있다. 이 신들은, 이를테면 '아누'는 우루크에서, '엔키'는 에리두에서, '엔릴'은 니푸르와 연관되며, 우르와 하란에는 달의 신 '난나' 등이 있으며, 고대 중동의 보편적인 현상으로 특정도시와 연관되었다. 이처럼 잘 확립된 고대 신 외에도 만신전에는 새로운 신이 포함되었다. 한 도시의 정치가 흥하면 그 도시와 관련된 신의 위상도 올라갔다. 바빌로니아의 신 마르두크는 바빌론시가 메소포타미아 정치에서 중요한 위치를 차지함에 따라 고대 신의 특징을 많이 갖게 되었다. 아수르 신도 아시리아가 정치적인 지배권을 장악하자 비슷한 길을 걸었다. 모든 메소포타미아 종교가 다신론이었지만, 하급 신들과 연관된 모든 특징을 마르두크 같은 신에게 부여하는 유일신론(Henotheism)의 경향도 있었다는 것도 주목할 만하다. 여기서 마르두크는 우리말로 말뚝

천하대장군 지하여장군 장승

이며, 우리의 전통신앙에서는 변형이 되어 장승으로 나타난다.

당시 중심 도시는 아수르(Assur)였으며, 그 외에도 우르·라가슈·우루크·키슈·니푸르 등의 도시국가들이 유력하였는데, 우르 왕의 묘지나 각 도시의 발굴 결과에서 그 문화수준이 매우 높았음을 알 수 있다. 또한 건축·미술·공예 등의 분야 외에도 설형문자의 발명이 이루어졌으며, 60진법·태양력의 채용 등 생활 전반에 걸쳐 문화적으로 큰 발전을 이루었다.

수메르 조각물(출처 : http://blog.daum.net/wonsunbe)

그 뿐만 아니라 교역을 통하여 수메르의 제품이 동방의 각지에 전해졌으며, 이 문명이 메소포타미아문명의 원류가 되었다. 그 후 도시국가는 말기가 되면서 라가시·움마·우루크 등이 서로 패권을 잡으려고 항쟁을 하다가 BC 2350년경 아수르시를 중심으로 정복활동을 벌인 셈족의 아카드 사르곤 1세에 의해 통일되었다. 그는 강력한 군대로 페르시아만에서 지중해에 이르는 지역을 지배하여 중앙집권제를 확립하고 아카드제국(BC 2350~BC 2193)을 수립하였다. 아카드인은 설형문자를 채용하여 제국 내에 보급시키는 등 수메르문명을 적극적으로 받아들였다. 이렇게 180년 동안 계속된 아카드시대에, 정복에 순응한 수메르인과 아카드인 두 종족이 융합함으로써 수메르문명은 점차 셈족으로 동

· 왼쪽 : 사르곤의 손자인 나람신의 정복 이야기를 보여주는 비석
(출처 : 《사르곤, 아카드 제국을 세우다》- Happyprince, 행복한 왕자)
· 오른쪽 : 아카드제국의 사르곤 황제로 추정되는 청동 두상 / 이라크의 니네베에서 출토

화하여 바빌로니아문명의 기초를 이루었다. 아카드시대 말기에는 혼란
이 계속되었으며, 이어서 구티인의 왕조가 100여 년간 계속하게 되었다.

수메르의 문화는 세계 최고의 문명으로서 그림문자로부터 독특한
설형문자를 발명하여 고대 오리엔트에서 널리 사용하였다. 또한 12진
법과 태음력을 사용하였고, 수메르법이라는 법전도 만들었다. 우르 제
3왕조시대의 '우르 남무 법전'이나 '슐기 법전'은 단편적이지만 오늘날
까지 남아 있으며, 문학·신화·종교에 관한 책도 전해진다. 수메르는
자신들의 역사기록은 남기지 못하였으나 왕명 표에는 많은 왕의 이름
이 기록되어 있다. 그러나 우르 제1왕조 이전은 전설적인 부분이 많다.
건축기술에도 뛰어나 신전의 기단에서 발전하였다고 생각되는 지구라
트는 평면의 직사각형 기단을 계단상으로 쌓아 올린 바빌로니아 특유
의 것으로 바벨탑의 원형이 되었다. 우르의 왕릉을 발굴해보니 순장이
행해졌던 것이 판명되었다. 왕릉에서는 무장한 병사나 가신들이 대열
을 짓고 전차를 따르게 한 모습이었으며 정연히 정렬하여 죽어 있었다.
또한 왕비의 능에서는 많은 시녀가 정장을 하고 악기를 다루는 악사
들이 나란히 줄을 이루어 죽어 있었다.

수메르인이 쓰던 달력은 태음력으로 세계에서 가장 오랜 달력이다. 그들이 쓰던 달력은 정확하게 일식, 월식의 시기를 상세히 예상할 수 있었으며, 더욱이 26,000년에 한 번씩 지구의 지축이 원을 그린다는 세차운동의 주기까지 알고 있었다. 더불어 그들은 세계에서 가장 오래된 60진법을 기본으로 하는 숫자를 개념적으로 확립하여 지금까지도 사용하고 있다. 또한 천문학과 수학 그리고 공학에 능했으며, 현대적인 사회제도를 갖추고 있었으며, 우리 한민족과 상당히 유사한 문화적인 특징을 가지고 있다.

① 머리가 검고, 후두부가 편두형이며, 신체가 작다.
② 한글과 같은 교착어를 사용했다.
③ 태음력을 사용했고, 고대에는 순장풍습이 있었다.
④ 여자들은 머리에 짐을 이고 다녔으며, 농사에 소와 쟁기를 이용하였다.
⑤ 학생들의 교육에 매(회초리)를 사용하고, 촌지(돈 봉투)를 주고받았다.

3) 수메르의 경제와 산업[12]

수메르는 근본적으로 농업과 유목이 혼합된 경제사회였다. 특히 메소포타미아지역이 강과 강 사이의 습지로 강물을 끌어들이는 관개수로가 발달하여 농업 수확량이 많고 일상적인 식탁의 먹을거리는 상당히 푸짐하고 넉넉했다. 주식은 밀과 보리이며, 이것을 빻아서 가루로 만들어 발효시키든지 그대로 빵, 죽, 케이크, 비스킷을 만들어 먹었다.

---

12) 출처 : Daum / 블로그

살구, 버찌 같은 과일을 비롯하여, 양파, 콩, 호박, 양배추와 상추는 식탁의 필수품이었다. 그리고 목축을 통해 소, 양, 염소 등 가축에게서 짜낸 우유로 음료와 요리, 요구르트, 버터, 크림과 치즈를 만들어 먹었다. 또한 보리를 이용하여 맥주를 마셨으며, 그 종류도 흑맥주, 갈색맥주 등 10여 종이나 되었다. 수메르에는 관개농업 발전을 주도하는 행정관료 조직이 있었으며, 이것이 정치, 경제의 기초가 되었다. 농업과 함께 어업도 발전했으며, 티그리스와 유프라테스강의 지류와 수많은 늪지와 호수들이 상존해 어부의 직종이 세분될 정도로 어류가 풍부하고 다양했다. 더불어 섬유산업이 활성화하여 천연섬유 작물을 원료로 하는 직조 기술도 발달했으며, BC 3800년경에 아마와 양털로 만든 정교한 의류 제품들이 나타났다. 수메르에서는 원유와 아스팔트를 이용한 화학공업도 발달하여 각종 염료와 의약품을 생산해 냈으며, 구운 벽돌을 쌓을 때는 역청을 이용하였다. 이와 함께 금속가공 기술이 발달하였으며, 도가니가 만들어져 강한 열과 함께 온도를 임의로 조절하고 불순물 없는 정련된 금속을 채취할 수 있었다. 청동기의 제조에 있어서는 구리에 주석을 6:1에서 9:1 정도의 비율로 섞어 더욱 주조하기 쉽고 단단하며 가소성이 있는 우수한 청동제품을 만들었다.

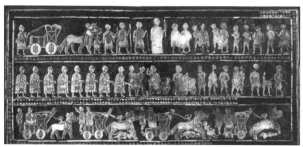

수메르 유물 (출처 : http://blog.daum.net/wonsunbe)

4) 수메르의 교육과 예술[13]

BC 3000년경 이미 본격적인 교육이 시작된 듯 슈루파크의 지하에서 학교 건물 유적이 발굴되었다. 초기 교육은 왕실과 신전 기록을 담당하는 서기를 양성하는 목적으로 시행되었으며 점차 다양한 교육 목적에 따라 학생을 가르치기 시작했다.

학교는 '에두바(Eduba : 점토판의 집)'라고 불렸으며, '움미아(Um-mia)'라고 하는 전문 교사가 있어서 학교에서는 읽기, 쓰기는 물론 수학, 신학, 지리학, 동·식물학, 음악, 미술을 가르치고 신화나 서사시, 신을 찬양하는 노래도 교육했으며, 고등교육으로 고전작품을 복사하고 연구하는 과정도 있었다.

이러한 전문적인 교육과 함께 예술도 번창했으며, 특히 신전에서는 신을 찬양하는 노래가 불렸다. 악기로는 주로 하프와 리라 같은 악기가 연주됐으며, BC 2000년경 무렵에는 이미 오늘날과 똑같은 7음계의 악보가 사용되었다고 한다. 이것으로 보면 서양 음악의 기원이 그리스가 아니라 수메르이며, 그리스와 수메르의 상호 연관성은 강하게 나타난다.

5) 수메르의 법령과 천문학[14]

BC 2600년경 '우르카가나(Uriahina)'왕은 자유, 평등, 정의에 대한 개념을 명문화시켰으며, 사회적 부패를 척결하기 위해 사업자의 월권과

---

13) 출처 : Daum / 블로그
14) 출처 : Daum / 블로그

부당한 착취, 공권력 남용, 독과점 집단의 가격 조작 등에 대한 개혁령을 선포했다. 강자가 약자를 억압해서는 안 되며, 빈민과 과부와 고아는 물론 이혼당한 여자도 법의 보호를 받도록 조치했다.

수메르의 법령은 개인의 권리와 자유를 바탕으로 산업사회의 병폐인 경제 범죄에 관한 규정이 두드러지며, 범죄의 처벌보다는 예방과 복지에 더욱 중점을 두고 있다. 법정에서 판사의 역할은 판결보다는 배심원 같은 역할을 했다. 일반적으로 3~4인의 판사가 심리를 맡았으며, 1인은 왕실 법원 판사이고, 나머지는 36인 위원회에서 차출된 사람들이었다.

수메르 법률 / 수메르 유물(출처 : http://blog.daum.net/wonsunbe)

수메르에서는 후기로 가면서 천문학이 더욱 발전하여 행성들이 교합, 일식과 월식, 달무리, 행성의 12궁도에서의 위치 같은 별들의 관측을 통해 점성술(Astrology)이 발달하게 되었다. 그리고 이와 같은 천체의 변동과 현상을 통해 나타나는 징조가 신들의 가르침보다 나라와 백성의 운명에 더욱 큰 영향을 주는 지침 역할을 하게 되었다. 또 점성술에 따라 예언을 전담하는 신관도 생겨났다.

이런 징조와 예언과 지침이 중요시 되자 민간에는 황도, 12궁도 점성술의 예언이 본격화되고, 이를 위해 주문을 외우는 것이 유행했다. 그리고 이에 따라 액운을 막아 주는 문구가 새겨진 부적이 생겨났고, 또 이것들을 대개 끈에 꿰어 목에 걸고 다녔다.

수메르 초기의 천문학은 인간의 이성과 노력으로 이룩한 과학적인 지식에 근거한 진정한 과학이었으나, 후기로 가면서 불안한 시대의 삶을 반영하듯 점성술로 변질되었다. 그리고 이것은 다시 주술과 마법으로 전락하게 된다.

6) 수메르의 도시와 관료체계[15)]

관료체계는 왕을 중심으로 신관·행정관료·전사의 3계급이 지배 계층을 이루었으며, 평민과 노예가 존재하였다. 당시 도시의 중심은 신전이었으며, 이것의 관리를 담당한 신관의 지위는 높아 정치·경제·군사·제례 등의 실권을 장악하였다. 그리고 행정관리로는 여러 직급의 서기와 관리가 있어서 신전 직할지가 분배되었으며, 신전, 성벽, 운하 같은 공공건물의 보수 등의 책임을 맡았다. 전사계급은 도시의 방위 및 치안과 도시간의 분쟁을 해결하고 전쟁에 대비하여 상설되었으며, 노예를 관리했다.

당시 대표적인 도시로서 라가쉬, 움마, 우르, 우루크, 니푸루, 에리두 등이 있었는데 각 도시에는 우선 고지대에 신전이 세워지고 주위에 성벽을 쌓았다. 그리고 신전에는 창고, 작업장, 신관들의 방이 있고 그 주변에 주택을 밀집시키는 등의 철저한 도시계획에 따라 건설되었다. 도시에는 다양한 종류의 평민과 노예가 있어 귀금속 세공인, 대장장이, 피혁공, 목수들과 심지어 어부 등에 이르기까지 직업이 세분되어 있

---

15) 출처 : Daum / 블로그

었다. 그리고 통상과 교역에 종사하는 상인들과 가축 사육에도 전문 분야가 있어서 각기 소, 당나귀, 양, 염소, 돼지를 기르는 전문직으로 구분되었다.

3. 아카드의 침범과 에덴의 동쪽

> 아카드의 침범에서 키워드는 사르곤 1세, 수렵부족, 뱀, 티그리스강 동쪽이며, 수렵부족이 농경부족을 정복하는 과정에서 활의 역할이 중요하다.

1) 아카드의 침범과 수메르인의 축출[16]

아카드의 메소포타미아 침범은 BC 2350년경이다. 이들은 발달된 수렵용 무기를 가지고 농경사회의 수메르지역을 침략하여 쉽게 정복했다. 원래 아카드족은 메소포타미아 북서부지방에 위치하고 있었으며, 티그리스와 유프라테스강에 가장 가까운 지역에 자리 잡고 있었다. 최초의 주민들은 아카드어를 쓰는 셈족 계열이며 수렵과 채집으로 삶을 영위하는 열악한 생활수준이었다. 남동쪽으로는 메소포타미아의 수메르가 있었고, 주민은 셈족이 아닌 수메르인들이었다. 아카드라는 명칭은 셈족의 정복자 사르곤 1세가 건설한 아가데시에서 따왔다. 사르곤은 역사상 최초의 제국을 건설하면서 이 지방에 있던 우르를 위시한 여러 도시국가들을 정복하고 메소포타미아 대부분의 지역으로 통치영역을 넓혀갔다. 이들이 이미 1,500년 이상의 발달된 오랜 역사를 가

---

16) 출처 : Daum / 블로그 / 편집

지고 있는 수메르의 도시국가들을 쉽게 정복할 수 있었던 것은 수렵에 사용한 활과 창 때문이었다. 수메르는 농경국가이기 때문에 활과 같은 원거리 사격용 무기가 없어서 아카드와의 전쟁에서 상대가 되지 못했다.

이후 BC 2150년경에 사르곤 왕조가 몰락한 후에는 잔여 수메르인과 아카드인들이 함께 세운 국가가 이 지방을 통치했다. 아카드 왕조 치하에서 셈어에 속하는 아카드어는 설형문자로 표기되는 글자가 되었으며, 가장 오래된 셈어 방언으로서 오늘날까지 보존되고 있다.

수메르족이 성서에서의 기술된 내용과 같이 에덴동산에서 축출된 것은 BC 2350년경에 사르곤에게 정복을 당하면서부터이다. 이것은 당시 가장 큰 도시국가인 우르의 지배계층과 그를 추종하는 국민들의 상당수가 메소포타미아지역에서 밖으로 추방되었다는 것을 의미한다. 특히 이브가 뱀의 꼬임에 넘어가 금단의 열매를 먹고 에덴동산에서 축출 당했다는 것은 특별한 의미가 있다. 여기서 뱀이 가지고 있는 상징성이 중요하다. 뱀의 상징성은 중국고사에서 살펴 볼 수 있다. 삼황오제 중의 하나인 복희는 뱀의 꼬리를 감는 형상(뱀)으로 表現된다. 그리고 복희는 신관계급이므로, 고대사회에서 뱀은 주술사 혹은 신관을 의미한다. 즉, 이브가 뱀 때문에 에덴동산에서 축출당했다는 것은 우르왕조가 신관(뱀)의 말에 속아 과신하고 있다가 아카드에게 패배하였다는 것을 의미한다. 그리고 그 때문에 메소포타미아지역에서 축출되었던 것이다.

그 후 사르곤에 반항하는 상당수의 수메르인들은 에덴의 동쪽으로 지칭되는 메소포타미아의 티그리스강 동쪽(이란, 터키의 남부지역)으로 이주하였다. 그리고 다시 재기를 위해 도전을 하였으나 뜻을 이루지 못하고 지리멸렬한 것 같다. 이들은 초기에 에덴의 서쪽(사막과 불모지대)보다는 다소 척박하지만 그나마도 농경이 가능한 동쪽으로 쫓겨나 정착을 하였으며, 이것이 성서상의 에덴의 동쪽으로 표현된 듯하다.

그리고 재도전에도 실패하여 전 세계로 뿔뿔이 흩어진 것은 바벨탑 이야기와 같은 것으로 보인다.

2) 에덴의 동쪽과 수메르의 이동

에덴의 동쪽으로 이동한 수메르인들은 잃어버린 땅을 되찾으려는 노력을 한다. 그러나 축출당한 수메르의 유목부족(아벨)과 농경부족(카인)과의 사이에서 갈등이 생기고, 결국 카인이 주도권을 갖게 되지만 강력한 아카드의 공격으로 또다시 더 먼 동쪽으로 이주하게 된다.

이때 성서에서는 하나님이 유목하는 아벨의 것은 받아주고 농경하는 카인의 농작물은 안 받아 주었다는 것으로 상징하고 있다. 즉, 아카드의 정복자들에게는 메소포타미아지역이 기름진 지역이므로 농경에 유리하다. 그래서 정복당한 수메르인들이 자신들에게 바치는 공물로는 농작물보다는 축산물을 더 선호했을 것이며, 유목부족보다 농경부족을 홀대하였을 가능성이 크다. 그 때문에 농경과 유목부족간의 갈등과 전쟁은 필연적이다. 그리고 결집력이 강한 농경부족이 이겼으며, 그 결과 아벨이 패하였다.

그 후에 카인은 힘을 축적하여 아카드의 지배력에서 벗어나는 길을 선택한 것이다. 그러나 이것을 아벨의 입장에서 보면 의리 없이 혼자 떠나간 것으로 보일 수 있다. 그래서 이러한 내용이 성서에는 살인으로 묘사되었을 가능성이 크다. 특히 바벨탑과 관련하여 높이 쌓은 바벨탑 위에서 야훼에 대항하여 하늘에 대고 활을 쏘았다는 것은 에덴의 동쪽으로 쫓겨 간 수메르의 저항세력이 활에 대한 능력을 키운 것을 뜻한다. 그리고 사르곤에 대항하는 궁수부대를 육성하여 메소포타미아 재탈환을 시도하였으나 중과부적으로 제압당한 것이다. 그 후에는 성서의 바벨탑에서와 같이 전 세계로 흩어지게 된 것으로 여겨진다. 특히 서로 소통이 되지 않은 수많은 언어로 분화되었다는 의미는 패배 후 서로의 의견이 맞지 않아 산지사방으로 각각의 길을 찾아 이주했다는 뜻으로 볼 수 있다.

전 세계로 흩어진 부족 중에서 활을 주로 사용했던 종족은 칸인족으로, 그들이 동방 원정을 하여 우리 한(칸)민족의 조상이 된 것 같다. 이 때문에 우리 한민족의 후손들이 활을 잘 쏘는 것이며, 지금도 올림픽 등에서 전 세계를 놀라게 하는 능력을 보이는 것도 같은 맥락으로 볼 수 있다.

3) 수메르와 아카드의 신화[17]

수메르문명을 이야기할 때 수메르의 신화를 살펴보는 것은 고대의 역사가 신화 속에 반영되어 있기 때문이다. 특히 수메르의 길가메시신화의 대홍수 부분은 성서의 창세기 노아의 방주 내용과 흡사하여 상호간의 연관성이 있는 것으로 보인다. 그래서 성서와 수메르 길가메시 신화 내용을 서로 비교해 보고 그에 대한 구체적인 판단은 독자들에게 맡긴다.

---

17) 출처 : Daum / cafe, 위키백과

(1) 길가메시(Gilgamesh)신화

길가메시는 신과 인간 사이에서 태어났기 때문에 훌륭한 사람이었고, 나라를 잘 다스렸다. 그러나 그는 성격이 과격하고 포악하여 많은 여자를 겁탈했으며, 백성을 강제 노동에 혹사하여 못살게 굴었다. 백성들은 참다못하여 신들에게 진정하였다. 그리하여 신들은 길가메시보다 더 힘센 거인을 만들어 길가메시를 죽이기로 결정하였다. 신들은 엔키두(Enkidu)를 만들었는데, 그는 짐승들과 어울려 밖에서 생활하였다. 들에서 돌아온 사냥꾼에게서 엔키두가 숲에서 살고 있다는 소문을 들은 길가메시는 한 사람을 보내어 마술로써 엔키두를 우루크 나라에 끌어들이게 하였다. 예상대로 두 장사는 맞붙어 싸웠으나 길가메시의 승리로 끝났다. 그러나 길가메시는 엔키두를 측은히 여겨 자기의 친구로 삼았다. 힘센 새 친구를 얻은 길가메시는 힘을 모아 새로운 모험을 했다.

길가메시는 엔키두를 데리고 전설에 나오는 먼 곳에 있는 백양목 숲을 찾아 원정길에 올랐다. 후와와라는 억척같이 힘이 센 괴물이 그 숲을 지키고 있었다. 그러나 두 용사는 백양목을 모두 자른 뒤에 후와와를 죽이는 데 성공하였다. 두 장사는 집으로 돌아가는 길에서 이시타르(여신)를 만났다. 그 여신은 길가메시에게 결혼을 요청하였으나, 길가메시는 무례하게도 그녀의 뜻을 거절하였다. 수모를 당한 이시타르는 아버지 아누(Anu)에게 졸라 길가메시와 그의 나라를 멸망시킬 힘이 있는 하늘의 황소를 만들게 하였다. 하늘에서 내려온 그 황소는 그 우루크 나라를 공격하여 많은 사람을 죽였으나, 결국 두 장사에게 잡혀 죽었다. 그러나 악에 받친 이시타르의 음모는 더욱더 혹독해졌고, 결국 엔키두는 신들의 저주를 받고 병들어 12일 후에 죽었다. 길가메시는 7일 동안 밤낮으로 애곡하며 엔키두가 살아나기를 기다렸다. 그러나 7일이 지나자 엔키두의 시체가 썩기 시작하니 하는 수 없이 시체를 땅에 묻었다. 그 사건을 통하여 길가메시는 자신에게도 죽을 날이 올 것을 깨닫고 죽음의 공포에 사로잡혔다. 그는 죽음을 극복할 수 있는 길은 우트나피스팀이라는 죽음을 이긴 사람을 찾아 가는 길밖에 없다고 믿었다. 그리고 그를 찾아가기로 결심하였다. 우트나피스팀은 대홍수 때에 유일하게 살아남았다는 전설적인 인물이며, 만슈라는 산에서 살고 있었다.

길가메시는 영생의 길을 찾아 천신만고 끝에 만슈산에 도착하였다. 그는 만슈산 건너편에 있는 화려한 동산에서 수두리라는 숲의 요정을 만나 우트나피스팀의 거처를 물었다. 수두리는 이렇게 타이르며 집으로 돌아갈 것을 권고하였다.

"신들이 사람을 만들 때부터 사람은 죽음을 타고 났다. 영생은 신만이 갖는 것이다. 길가메시야, 너는 배불리 먹고 밤낮으로 즐겁게 살아라. 날마다 잔치를 차리고 밤낮으로 즐겁게 살아라."

그러나 길가메시는 뜻을 굽히지 않았다. 그는 배를 얻어 타고 죽음의 강물 건너 우트나피스팀이 살고 있는 곳에 닿았다. 자기를 찾아온 구도자에게 그는 6일 7야 동안 잠자지 않는다면 죽음을 이길 수가 있다고 일러 주었다. 길가메시가 그때까지 겪은 온갖 시련은 견딜 수 있었으나, 그의 마지막 시련은 가장 힘든 것이었다. 긴 여행과 온갖 시련에 지친 길가메시는 쉬이 잠들고 말았다. 태풍처럼 잠이 그에게 몰려왔던 것이다. 그는 6일 7야를 단숨에 잤다. 우트나피스팀은 그를 쳐다보며 영생을 얻겠다는 사람이 그럴 수가 있느냐고 비웃으며, 그를 잠에서 깨웠다. 잠에서 깨어난 길가메시는 금방 잠든 사람을 왜 깨웠느냐고 화를 내며 깨운 사람을 탓했다. 결국 그는 자기의 실수를 깨닫고 울부짖었다.

"그러니 어찌 하리오. 나는 어디로 가리오. 내 몸에는 귀신이 들어 있소. 내가 잠든 방에는 죽음이 살고 있으니 나는 어디로 가랴. 죽음이 내 몸에 있다."

길가메시가 집에 돌아가려는 마당에 우트나피스팀은 동정한 나머지 '신통한 비법'을 길가메시에게 알려 주었다. 그는 '회춘하는 신통한 풀'이 있는 곳을 가리켜 주었다. 그리하여 길가메시는 그 풀을 찾아 바다속에 들어가 그 풀을 뜯어서 갖고 밖으로 나오게 되었다.

몇 날 동안 길을 가다 한 곳에 맑은 연못이 있는 것을 본 그는 그냥 지나갈 수 없어 연못에서 몸을 씻었다. 그는 목욕을 하는 동안 그 약초를 연못가에 놓아두었다. 그런데 그 연못에서 살던 한 뱀이 향기로운 냄새를 맡고 뭍으로 나와 순식간에 그 풀을 훔쳐 먹고는 껍질을 벗고 사라졌다. 그리하여 길가메시는 영생의 기회를 뱀에게 빼앗겼다.

이 신화는 영생에 대한 인간의 보편적인 욕망에도 불구하고 인간의 무지와 무력함 때문에 영생을 얻을 수 없다는 이치를 가르치고 있다. 초인간적인 힘과 슬기를 가진 사람이어야 죽음을 극복할 수 있다는 교훈이다.

(2) 길가메시의 대홍수 신화

길가메시가 우트나피스팀에게 어떻게 영생을 얻었는가를 묻자 우트나피스팀은 다음과 같은 이야기를 들려주었다.

먼 옛날에 신들이 유프라테스 강둑 위에 세워진 슈루파라는 고대도시를 대홍수로 멸망시켰다. 그러나 신에게서 미리 경고를 받은 우트나피스팀은 거대한 방주를 만들어서 살아남을 수 있었다. 인류를 멸망시킨 것을 후회하고 있던 신들은 다시 희생제물을 바친 우트나피스팀에게 영생을 선물로 주었다고 했다.

우트나피스팀이 전해준 대홍수의 내용을 요약하면, 처음 대홍수가 일어나기 전에 에아가 집을 허물고 방주를 만들라는 신들의 말을 우트나피스팀에게 전해주었으며, 가진 것에 집착하지 말고 영혼이 살아 있도록 방주에 모든 살아 있는 것들의 종자도 같이 실으라고 했다. 그리고 그 방주의 크기는 너비와 폭은 똑같이 하고 천장과 벽을 칠하라고 했다. 그러나 우트나피스팀은 이것에 대한 불평을 토로하고 따졌지만 결국 따르기로 했다. 그래서 방주 작업은 시작되었는데 어린 아이들은 역청을 나르고, 어른들은 그밖에 필요한 모든 것들을 가져 왔다. 다섯째 날 방주의 골격이 완성되었다. 방주의 바닥 면적은 전체가 1에 이커였으며, 각각 벽의 높이는 120큐빗이었고, 사각형 갑판의 각 변들은 120큐빗이었다. 배의 옆면에 모양을 내고 그것들을 조립했으며, 여섯 개의 갑판을 넣었다. 그리고 배를 일곱 부분으로 나누었으며, 바닥은 아홉으로 나누고, 배에 역청을 부어넣었고, 아스팔트 세 사르도 내부에 부어 방수층을 설치했다. 그리고 작업하는 사람들을 위해 수송 아지들을 도축했으며, 매일 양을 잡았다. 일곱째 날 배가 완성되었으며, 생활에 필요한 물품들을 실었다. 더불어 가지고 있던 모든 것을 배에 실었으며, 살아 있는 모든 것들을 배에 실었다. 가족 모두와 일가친척들을 배에 오르게 했다. 또한 들판의 짐승들과 야생 동·식물들을 배에 실었다. 기술자들도 모두 배에 실었다. 방주를 단단히 단속하기 위해 뱃사공에게 배와 그 안의 모든 것들을 넘겼다.

새벽에 먼동이 틀 무렵 시커먼 구름이 수평선에서 피어올랐고, 폭풍과 비바람이 휘몰아치고, 샬라트와 하니쉬가 전령으로서 산과 평야를 휘저으며 다녔다. 출항은 바닥의 판자를 배의 삼분의 이가 물에 들어갈 때까지 들어올렸다. 에르라갈이 세상의 댐들을 무너뜨리고 니누르타가 와서 제방들을 잇달아 부쉈다. 아눈나키는 횃불을 들고 온 세상이 화염에 휩싸이도록 불을 질렀다. 단 하루 만에 남쪽에서 폭풍이 불어서 갈수록 바람이 거세어지더니 모든 산들을 잠수시키고 사람들을 휩쓸어 날려 보냈으며, 하늘인지 사람들인지 분간이 안 될 정도로 혼란스러웠다.

신들은 대홍수에 놀라 겁을 집어먹고 천상의 아누에게 올라갔다. 신들은 너무 놀라 떨며 외벽에 웅크리고 달라붙었다.

여섯의 낮과 여섯의 밤 동안 남쪽의 폭풍이 토지를 휩쓸고 가자 바람이 홍수를 밀어냈다. 일곱째 날 남쪽의 폭풍이 전투를 마친 군대처럼 사그라들자 홍수는 서서히 가라앉았다. 바다는 조용해졌으며, 폭우도 잠잠해지고 범람도 멈추고 평온이 자리를 잡았다.

그리고 모든 인류는 사멸하여 흙으로 돌아갔다. 방주 주위는 마치 평평한 지붕처럼 평평하게 되어 있었다. 갑판 문을 열고 바다에서 해안선을 바라보니 열네 개의 산이 솟아올랐다. 니쉬르산에 이르러서 배가 꼼짝도 않고 멈추었으며, 여섯 날 동안 배는 니쉬르산에 붙잡혀 있었다. 일곱째 날에 비둘기 한 마리를 날려 보냈다. 쉴만한 곳이 없었기 때문에 비둘기는 다시 돌아왔다. 그 다음날 다시 제비 한 마리를 날려 보냈다. 제비도 쉴만한 곳이 없어서 다시 돌아왔다. 그 다음으로 갈가마귀 한 마리를 날려 보냈다. 갈가마귀는 앞으로 날아가서 물이 빠진 것을 보고 다시 돌아오지 않았다. 그때에 우트나피스팀은 감사한 마음으로 신에게 희생제물을 바쳤다. 산의 꼭대기에서 신에게 바치는 제사에는 일곱 개의 제사용 잔을 차려놓고 술을 따랐다. 그 받침대 위에 종려나무줄기와 삼나무를 쌓아올렸다.

엔릴은 도착하자마자 그 방주를 보고 격노했다. 그는 신들이 비밀을 누설한 것에 대한 분노로 가득 차있었다. 에아가 입을 열어 엔릴에게 "당신은 어찌하여 분별없이 대홍수를 일으키셨소. 너그러운 마음으로 홍수를 일으키는 대신에 맹수나 전염병으로 사람의 수를 감소시켰더라면 좋았을 걸."이라며 따졌다. 그리고 우트나피스팀과 그의 아내 손을 잡고 배 위로 데리고 가서 무릎을 꿇게 하고 축복하였다. 그래서 우트나피스팀과 그의 아내는 신들과 같이 강 입구에서 살게 되었다.

길가메시의 대홍수 이야기는 성서의 노아의 방주의 원전과 같이 유사하다. 이것은 노아의 방주 이야기의 원전이 수메르 아카드의 서사시에서 따왔을 가능성이 크며, 성서의 내용이 수메르의 역사에서 나왔을 가능성이 크다. 더불어 인도의 힌두신화에도 대홍수 이야기가 나오는 것은 3개의 홍수 신화는 같은 문화권에서 시작한 것으로 여겨진다. 이러한 점에서 본다면 카인의 내용 또한 수메르 역사 속의 한 가지일 수도 있다는 점이다. 비슷한 지역에서 일어났고 후세에 남긴 명칭도 유사한 경우는 그 연관성에 대하여 여러 각도로 검토해볼 가치가 있는 것이다. 특히 유대인의 역사 속에 나타나는 호칭이 고대문명의 지역이나 신화 속에서 나타나고 있으며, 우리 한민족의 여러 분야의 명칭에서도 나타나는 것으로 보아 우리의 고대역사 또한 동일 갈래에서 출발한 것으로 여겨진다.

(3) 이난나(Inanna)의 신화

이난나(Inanna)가 하계(죽음의 세계)로 내려가는 신화는 사랑의 이야기로 시작한다. 이난나는 두무지(목자의 신)와 결혼하였다. 그러나 그들의 결혼생활은 오래가지 못하였다. 메소포타미아에서 가뭄이 심한 6, 7월이 되면 두무지신은 죽음을 경험할 수밖에 없기 때문이었다. 앞으로 다가오는 남편의 죽음을 막지 않으면 자신의 행복이 길게 가지 못하리라는 것을 깨달았다. 그러고 난 뒤에 이난나는 지하의 세계를 정복하기로 결심하고 그곳으로 내려갔다. 그 지하의 세계에는 이난나의 언니뻘 되는 에레스키갈이 주인노릇을 하고 있었다. 그 세계를 수메르에서는 '못 돌아오는 땅', '죽은 사람의 땅'이라고 불렀으며, 죽음이라는 뜻이었다.

이난나는 간신히 일곱 관문을 통과하고 에레스키갈의 왕궁에 도달하였다. 그러나 이난나가 일곱 관문을 거쳐 가는 동안 그 수문장들이 그녀의 옷가지를 하나씩 벗겼다. 그렇기 때문에 그녀는 알몸을 드러내고 왕궁 앞에 서게 되었다. 이난나의 언니는 화를 내며 표독한 눈초리로 동생을 쳐다보았고, 그로 인하여 이난나의 몸은 그 자리에서 시들어 버렸다.

그 딱한 사태를 지켜본 엔릴신은 두 사신을 창조하였다. 그는 '생명의 음식'과 '생명의 물'을 두 사신에게 들려주며 이난나를 살려낼 계획을 세웠다. 두 사신은 일곱 관문의 수문장들을 속이고 목적지에 안착하였고, 갈고리에 걸려 있는 이난나의 시체를 찾아내는 일에 성공하였다. 두 사신은 갖고 간 약으로써 이난나를 살려낸 뒤 죽음의 땅을 빠져 나가기로 하였다. 그러나 일곱 수문장들은 이난나를 놓아주려 하지 않았다. 이난나를 대신하여 누가 죽음의 땅에 머물러 있어야만 이난나가 그 땅을 빠져 나갈 수 있다는 것이었다.

수문장들은 "하계에 들어온 사람이 성한 몸으로 하계를 빠져 나간

일이 없었다. 만일 이난나가 하계를 빠져 나가려거든 그 대신 한 사람을 내놓아야 된다."고 고집하였다. 하는 수 없이 이난나는 "나를 대신할 사람을 찾아 보내마."라고 약속하고 세상에 돌아갔다.

그녀가 자기가 살던 궁궐에 가보니 남편은 슬퍼하는 기색도 없이 용상에 올라 앉아 화려한 생활을 즐기고 있었다. 울분에 찬 이난나는 자기의 남편을 잡아 하계의 마귀들에게 넘겨주었다. 이난나는 남편에게 욕설을 퍼부으며 살기 띤 눈으로 그를 노려보았다. 결국 두무지신의 가련한 모습을 본 에레스키갈은 그의 처지에 동정하였다. 앞으로는 일 년에 여섯 달씩 두무지와 게스티난나(두무지의 여동생)가 번갈아 죽음의 세계에 내려가 있도록 관용을 베풀었다. 그리하여 두무지는 1년에 여섯 달은 세상을 떠나 죽음의 세계에서 살게 되었다.

(4) 에느마 에리쉬(Enuma elish)의 신화

태초에 티아맛(Tiamat)과 아프수(Apsu)라는 한 쌍의 우주신이 있었다. 티아맛은 여성 신으로 바다의 짠물을, 아프수는 남성 신으로서 강에서 흐르는 단물을 상징하는 신이었다. 단물과 짠물이 혼합되어 다른 신들이 태어났다는 뜻이다. 두 신 사이에서 먼저 라흐무와 라하무가 태어났고, 그 뒤에 안샬과 키샬이라는 다른 한 쌍의 신이 태어났던 것이다. 안샬은 하늘에 있는 모든 영역을, 키샬은 지상에 있는 모든 영역을 상징하는 신이었다. 이들 부부신 사이에서 하늘의 신 아누(Anu)가 태어났고, 아누에게서 다시 에아(Ea)가 태어났다. 그 뒤에도 수많은 신들이 태어났던 것이다.

수많은 신들이 태어남으로써 신의 세계는 혼잡스러워졌다. 더구나 어린 신들은 춤추며, 너무나 소란스럽게 놀아나니 어른 신들은 느긋하게 잠을 잘 여유도 없었맛. 드디어 아프수는 짜증을 내며 티아맛(여신)에게 어린것들이 밤낮으로 떠들어대니 잠을 이룰 수도 없고, 도무지 견딜 수가 없다고 한탄하였다. 무슨 수를 써서라도 어린 신들을 죽여 버리라고 졸랐다. 티아맛은 자기가 낳은 것이나 다름없는 어린 신들을 죽일 생각이 없었으나, 남편의 뜻을 따르지 않을 수도 없었다.

어린 신들은 수가 많았고 눈치도 빨랐다. 그들은 늙은 신들의 계획을 알고 나서 할 말을 잃고 수심에 차서 모여 앉았다. 그러나 만사에 능통한 지혜의 신 에아는 서둘러 대책을 세웠다. 그는 주문을 읽어 아프수에게 마술을 걸어서 깊이 잠들게 하였다. 에아는 아프수 시신 위에 자기의 집을 짓고 스스로 물의 신이 되어 깊은 물속에서 살았다. 그곳은 바로 세상의 모든 일의 운명을 결정하는 비밀에 쌓인 운명의 산실이었다. 그 밀실에서 담키아(에아의 부인)는 바벨론의 국신 마르둑을 생산하였다. 그리하여 마르둑은 신의 세계에서 막내둥이로 태어났으나 가장 귀엽고 힘센 신이 되었다.

아누는 어린 마르둑을 지극히 좋아한 나머지 네 바람을 만들어 마르둑에게 노리개로 주었다. 그러나 네 바람으로 인하여 바다의 물결이 거칠게 일었고, 다시 티아맛과 다른 어른 신들을 귀찮게 만들었다. 티아맛은 내연의 남편인 킨구(Kin-gu)를 앞세우고 어린 신들을 잡아 죽이기 위하여 다시 싸움을 일으켰다. 어린 신들은 위기를 맞아 마르둑을 선봉장으로 세우고 맞서 싸우기로 하였다. 마르둑은 태풍의 수레를 타고 싸움터에 나섰다. 그의 활기찬 모습을 본 적군은 겁에 질려 모두 다 도망쳤으나 티아맛은 굽힐 줄 몰랐다.

두 장사는 서로 입씨름을 하며 싸움을 시작하였다. 말로 해서 결판날 일이 아니어서 티아맛은 마르둑을 삼켜 버리려고 입을 잔뜩 벌리고 대들었다. 그러나 마르둑은 때를 놓치지 않고 네 바람을 그의 입에 불어 넣으니, 그의 배가 부풀어 올라 입을 잔뜩 벌린 채 쓰러졌다. 다시 마르둑은 활을 당겨 티아맛의 배를 쏘아 맞혔다. 그의 배가 터지며, 내장이 쏟아져 흘러 나왔다. 티아맛의 두 눈에서 흐르는 눈물은 티그리스와 유프라테스의 강물이 되었고, 그의 둥근 꼬리는 하늘과 땅을 이어주는 고리가 되었다. 티아맛을 정복한 뒤에 마르둑은 그의 시체를 땅에 누이고, 그 위에 올라섰다. 다시 마르둑은 도망치는 티아맛의 잔당들을 남김없이 붙잡아 포로로 삼고, 무기를(활) 꺾어 버리고, 적장 킨구를 쇠사슬로 묶어 두어 재판을 받게 하였다.

다시 마르둑은 티아맛에게 눈을 돌려 그의 시신을 처치하게 되었다. 그는 뻣뻣한 물고기 같은 티아맛의 시체를 머리에서부터 쪼개어 두 동강을 냈다. 그 위 몸체를 휘어 둥근 하늘을, 밑에 있는 부분으로써 땅을 만들었다. 또 그는 하늘에 자신의 집을 짓고 나서 여러 별을 지었으며, 달력도 제정하였고, 북극성을 제자리에 두었고, 달과 해가 운행할 길도 잡아 주었다.

티아맛을 무찌른 마르둑이 집에 돌아가니 모든 신들은 그를 맞으며 환호하였다. 마음이 흡족한 마르둑은 에아의 권유를 받아 포로가 된 모든 신들을 죽이는 대신 두목만을 처단하고 나머지 포로들을 용서해 주기로 하였다. 포로들은 마르둑을 찬양하며 그에게 충성을 약속하고 해방을 얻었다. 또한 그들은 마르둑의 성을 건축해줄 것도 약속했다. 마르둑은 티아맛을 선동하여 싸움을 일으킨 장본인이 누구냐고 물으니 모든 신들은 입을 모아 킨구라고 소리 질렀다. 결국 킨구는 전범자로 낙인 찍혀 처형을 받았다.

마르둑은 앞으로 여러 신들이 자기를 섬기기에 노고가 많을 것을 감안하여 인간을 만들어 신을 섬기게 하기로 작정하였다. 지혜가 많은 에아는 킨구의 몸에서 피를 뽑아 진흙을 개어 인간을 창조하였다.

이 신화는, 인간의 본질의 일부는 반란을 일으키고 죽은 악한 신에게서 유래되었다고 암시한다. 그것은 비관적, 또는 성악설 인간학의 시작이었다.

제3장

신화와 고대문명

제3장
신화와 고대문명

　　고대문명에서 전래되어 온 대부분의 신화는 단순히 재미있는 이야기로 만들어진 것이 아니다. 이러한 신화 속에는 그 시대의 역사적인 사실이 숨어있다. 그래서 이 장에서는 각각의 신화가 우리에게 알려주고자 하는 것을 살펴보고 역사적인 사실과 비교 분석한다. 더불어 우리 민족도 단군신화에서 시작하였기 때문에 단군신화가 가지고 있는 실체적인 진실을 찾기 위해 다른 고대문명에서의 경우와 대조하여 상호 연관성을 알아본다.

1. 오시리스와 이집트문명

　　이집트신화 속에 나타나는 오시리스는 이집트문명의 기원이 외부로부터의 전승이라는 의미를 내포하고 있다. 이것은 이집트보다 앞선 문명의 영향을 받았다는 뜻이며, 그 당시 이러한 영향을 줄 수 있는 문명은 메소포타미아의 수메르문명뿐이다.

1) 이집트의 신화와 오시리스

이집트신화의 키워드는 오시리스와 이시스의 탄생에 관한 이야기와 수메르의 관련성이다.

(1) 이집트의 신화

- 이집트의 신화 개관

세계 각 국의 신화가 갖고 있는 근본적인 의미를 살펴보면 신화 속의 신은 도래인 정복자들을 신격화시킨 것이 대부분이다. 예를 들어 그리스신화를 살펴보면 태초의 혼돈 속에서 가이아가 천왕신인 우라노스를 낳는 것으로 시작한다. 그리고 우라노스가 크로노스를 낳고, 크로노스가 자라서 우라노스를 죽이고 집권하는 과정을 거친다. 이후 크로노스는 제우스 외에 5남매 신을 낳고는 나중에 제우스에 의해 축출당하는 일련의 과정이 그리스고대사를 축약해 놓은 것과 같다. 또한 인도신화에서 시바가 자신을 막아선 가네샤를 죽이고 코끼리 머리를 붙여 되살린 것도 도래인 정복자인 아리안족이 선주민인 카인족을 정복하고 노예화하는 과정을 묘사한 것이다. 그리고 우리의 신화에서 환인이 환웅으로 이어지고 결국 단군으로 귀결되는 것도 같은 맥락으로 볼 수 있다. 이러한 단계적 과정은 고대의 신화가 도래인 정복자의 역사를 축약해서 반영한 것으로 보인다.

이와 같은 점에서 보면 이집트의 신화(왕)시대라는 것 또한 도래인의 역사라고 볼 수 있다. 그런 관점에서 신격화할 수 있는 도래인은 그 당시 이집트보다 선진 문명인 메소포타미아의 수메르문명뿐이다. 그러므로 이집트신화 속에 나타나는 문명의 전파자는 수메르일 것이다. 즉, 수메르인들의 일부가 발달된 농경문명을 가지고 BC 3000년경에 나일강으로 이주하여 이집트문명을 이루고 비약적으로 발전시킨 것이 이집트 문명이다. 특히 이집트의 신화 속에서 오시리스와 이시스는 창조의 신인 동시에 의료의 신이다.

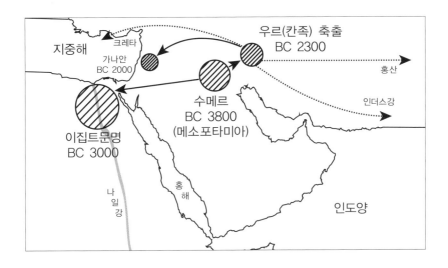

- 이집트 창조신화[18]

태초에 혼돈의 암흑 바다 아비스(Abyss)에 '누'가 있었다. 어느 날 바다로부터 벤벤(Ben-Ben)이라는 언덕이 바다 속으로부터 솟아올랐고, 그 언덕에서 '아툼'이 스스로 존재하여 최초의 신이 되었다. 그가 태어난 후 최초로 누 위에 빛을 만들었으며, 이는 태양신 '라'가 되었다. 라는 남녀 자웅동체 신이다. 라는 혼자 법과 정의, 조화, 지혜의 여

---

18) 출처 : Daum / 위키백과

신 '마트'를 낳았으며, 법과 조화의 여신인 마트, 그녀 자신이 우주 창조 법칙이 되었다. 이로써 창조신인 아툼과 최초의 빛이자 태양의 신인 라 그리고 우주 창조법칙인 마트는 삼위일체(그래서 3신을 합쳐 아툼·레라 부른다)를 이루었으며, 이집트인들의 창세신화의 기반이 된다.

아툼이 기침을 하여 공기와 공간의 신인 '슈'와 습기의 여신인 '테프누트'를 내뱉었다 (낳았다). 슈와 테프누트는 결혼하여 대지의

태양신 라

신인 '게브'와 하늘의 여신인 '누트'를 낳았다. 후에 게브와 누트는 결혼하게 되었으며, 지식과 서기의 신인 '토트'로부터 누트의 자식이 하늘의 주인이 될 것이라는 예언을 들은 라는 그것을 시기하여 게브(땅)와 누트(하늘) 사이에 슈(공기)를 두어 1년 360일 동안 서로 만나지 못하게 하였다. 그러나 누트의 부탁을 들은 토트가 달의 신 '콘수'와 내기를 하여 달의 빛을 얻어 5일 동안 세상을 비쳐 그 5일 동안 게브와 누트는 5명의 자식을 출산하였다. 이후로 1년은 365일이 되었으며, 항상 보름달이었던 달은 달의 빛을 잃어 주기적으로 변하게 되었다. 그 5명의 자식들이 오시리스, 이시스, 세트, 네프티스, 하르마키스이다.

여기서 우리는 이집트의 태양력과 태음력의 변화과정을 살펴볼 수 있다. 즉, 태음력의 1년은 약 360일인 데 반하여 태양력은 365일로, 태음력을 사용하는 문명이 태양력을 사용하게 되는 과정이 나타난 것으로 여겨진다.

(2) 오시리스와 이시스 그리고 호루스[19]

① 오시리스의 환생

오시리스는 하늘의 여신인 누트의 첫째 아들로 태어났다. 이집트의 신화 속에서는 지혜의 신인 토트가 라에게 누트의 자식들이 장차 이집트를 지배할 것이라 예언을 한다. 태양신 라는 토트의 예언을 듣고 누트가 애를 못 낳게 만든다.

그러나 토트가 꾀를 내서 누트가 애를 나을 수 있도록 기회를 만든다. 그래서 첫째 날에 태어난 아들이 오시리스이다.

여기서 장남인 오시리스는 그리스어이며, 이집트 어로는 '우시르'이다.

오시리스(Osiris)

오시리스는 자연의 신이요, 식물의 정(精)의 변신으로서, 곡식의 배아와 함께 살아나서 수확기에 죽는 재생의 신이다. 오시리스는 게브와 누트의 장남으로 상이집트의 테베에서 태어났으며, 태어 날 때부터 자신을 세계의 주인이라고 선언하였다. 그러나 이 때문에 그는 불행을 자초해서 라로부터 저주를 받게 된다. 그럼에도 불구하고 라는 손자인 오시리스를 왕위 계승자로 인정하였으며, 아버지인 게브가 하늘로 은퇴한 후에 이집트 왕위를 계승받고 누이동생인 이시스와 결혼했다. 그는 백성들의 식인습관을 없애고 농경지를 경작하는 방법과 도구를 만드는 법을 가르치고 곡물과 과일을 재배하도록 하였다.

오시리스는 신들을 위한 사원을 세우고 최초의 신의 모습을 조각하였다. 그리고 신들에 대한 경배를 시작했으며, 제례의식을 정하고 악기

---

19) 출처 : Daum / 블로그

를 개발하여 찬양하도록 플루트 두 종류를 발명하기까지 했다. 그 후 오시리스는 여러 도시를 건설하고 주민들에게 법을 가르쳤다. 이렇게 그는 이집트를 개발하고 그의 올바른 정치를 전 세계에 미치게 하려 했다. 그래서 그는 이시스에게 통치를 맡기고 재상 토트, 지휘관 아누비스, 오포이스 등을 데리고 아시아 정복의 길에 나섰다. 어떤 폭력에도 반대하는 오시리스는 오직 자애로써 이 나라 저 나라를 정복해 나갔다. 그는 노래와 온갖 악기를 연주함으로써 주민들의 마음을 풀고 그들의 무장을 풀게 했다. 그는 온 지상을 누비며 도처에 문명을 보급시킬 때까지는 이집트로 돌아가지 않겠다고 결심했었다.

이집트에 돌아온 오시리스는 그의 왕국이 자신이 없는 사이에도 아내인 이시스에 의해 현명하게 통치되어 완전한 상태임을 알았다. 그러나 이윽고 그의 권력을 시기하는 동생 세트가 꾸민 음모에 말려 이집트를 통치한지 28년 되던 해에 오시리스는 반역자로 몰려 희생되었다. 그러나 그의 충실한 아내 이시스가 남편의 시체에 생명력을 불어넣어 소생시키는 데 성공한다. 그래서 게브가 주재하는 신들의 법정에서 세트의 비난에 대하여 오시리스가 억울하다는 것이 증명되었다. 다시 살아난 뒤에 죽음으로부터 환생한 오시리스는 왕좌에 다시 올라 살아 있는 사람들을 통치할 수도 있게 되었다. 그러나 그는 지상을 버리고 천국에서 올바른 영혼들을 맞아 죽은 자들을 통치했다. 이것이 오시리스의 신화이다. 그 신화의 기원이 확실하다면 오시리스는 고대 이집트의 도래인 정복자로 볼 수 있다.

오시리스는 계속해서 다시 태어나는 식물의 정령으로서 보리, 포도, 수목을 상징했다. 또한 해마다 물이 불었다 줄었다 하는 나일강이나 해질 무렵에 암흑 속으로 가라앉았다가 새벽에 다시 빛나는 태양의 빛을 상징했다. 형제간인 오시리스와 세트 사이의 다툼은 기름진 땅과 사막, 식물과 건조한 바람, 불모지와 택지, 암흑과 광명과의 투쟁인 것이다. 그러나 오시리스가 진실로 널리 신앙의 대상이 된 것은 죽은 자의 신으로서였다. 왜냐하면 그는 신자들에게 저승에서 올바르고 선량한 왕 밑에서 행복하고 영원한 생명에 대한 희망을 주었기 때문이다.

오시리스는 자신과 3인조를 이루고 있는 아내 이시스 그리고 아들 호루스와 더불어 이집트 전역에서 숭배를 받았다. 오시리스의 그 장엄한 성소에 들어갈 수 있었던 자나, 적어도 자기의 이름을 새긴 비를 세우게 할 수 있었던 자는 행복한 자들이었다. 그들은 내세에 '착한 왕'이라는 위치를 보증받은 것이 되기 때문이다. 오시리스는 몸에 꼭 끼는 가늘고 흰 줄무늬 옷을 입고 서있거나 왕좌에 앉아 있는 인간의 모습으로 표현된다. 초록빛이 감도는 그 얼굴에는 타조의 깃 두 개를 단 높고 흰 사교관을 쥐고 있다. 목에는 붉은 끈을 매고 수의에 나와 있는 두 손은 가슴 위에, 회초리와 홀을 엇갈리게 얹어놓고 있는 것이다.

② 이시스의 집권

이시스는 누트의 딸이며, 오시리스의 여동생이자 아내이며, 호루스의 어머니이다. 그녀는 이집트 최초의 여왕이다. 파라오로 군림하지는 못했으나 오시리스가 세트에게 죽임을 당하고 나서 실질적으로 통치를 했다. 그리고 아들인 호루스에게 그 자리를 계승할 때까지 도와주었다.

더불어 그녀는 위대한 여자 주술사로 라를 퇴위시키고, 남편인 오시리스를 파라오에 오르게 한다.

이시스

오시리스가 세트에게 살해당하고 이시스가 절망감에 슬퍼하는 사이에 세트는 오시리스의 시신을 토막 내어 강에 버린다. 그래서 이시스는 오시리스의 유해를 찾아 이곳저곳으로 헤맨다. 그리고 이시스는 여기저기 흩어진 오시리스의 유해를 다 모아 되살려낸다.

그러나 오시리스는 불완전한 몸으로 환생하여 저승으로 되돌아가 왕이 된다. 그 후 이시스는 오시리스와 관계없이 호루스를 임신하는데 그의 유해를 찾을 때 물고기가 성기를 먹어버렸기 때문이라고 한다. 그래서 이시스의 호루스 임신은 동정녀 마리아에 비교되기도 하며, 실제로 후에 기독교에서 성모마리아의 원형으로 여겨진다. 그리고 이시스 신앙은 고대 로마에 퍼져서 영원한 처녀로 신을 잉태한 성모로서 숭배를 받았다.

오시리스의 유해를 찾으러 방랑할 무렵에는 동생인 네프티스와 그의 아들 아누비스가 적극적으로 도와주었는데, 이 때문에 나중에 네프티스가 오시리스를 유혹하여 통정한 후 아누비스를 낳았어도 대범하게 네프티스를 용서하게 되며, 그의 아들인 아누비스를 양자로 삼게 된다.

그 후에 호루스가 세트와의 경쟁에서 승리할 수 있도록 도와주고 신들의 집회에서 호루스가 파라오의 자격이 있다는 것을 모두에게 알려 주었다. 그리고 네프티스로 변장하여 세트에게 호루스를 죽이지 않겠다는 맹세까지 받아내, 후에 호루스가 이길 수 있도록 만들었다.

③ 호루스의 승리

오시리스와 이시스의 아들인 호루스의 얼굴은

호루스

매의 모습을 하고 있다.

그는 어린 시절 세트에 의하여 한차례 죽임을
당한다.

그러자 세트에 의해 남편과 아들을 모두 잃은
이시스는 라에게 호소하였으며, 이를 불쌍히 여긴
다른 신들은 호루스를 부활시킨다. 이때 저승에
서 아버지 오시리스에게 여러 가지 능력을 전수받
는다.

호루스가 성장하면서 본격적으로 세트와 왕위
쟁탈전을 벌인다. 그리고 누가 차기 파라오에 맞는 자인지 판별할 신들
의 회의가 시작되었다. 이때 호루스는 이시스의 도움으로 다른 신들로
부터 왕위계승 자격을 인정받았다.

세트

또한 이시스가 세트로부터 호루스를 죽이지 않겠다는 맹세를 받아
내어 호루스를 유리하게 만들었으며, 더불어 신들은 서로 화해하도록
종용하였으나 서로 화해는 하지 않고 싸움을 계속하게 된다. 결국 이
시스의 꾀에 속은 세트가 다 지게 되었고, 세트는 이시스에게 살려달
라고 목숨을 구걸한다. 이시스가 동정심이 생겨 세트를 살려주려 하
자, 호루스는 격분하여 어머니인 이시스의 목을 친다.

이에 이시스를 불쌍히 여긴 토트가 라에게 알렸으며, 격분한 라가
호루스의 두 눈알을 뽑고 산에 묻어 버린다. 이때 미의 여신 하토르가
그의 빈 안구에 젖을 짜서 안구를 재생시킨다. 더불어 라는 이시스를
불쌍히 여겨 다시 부활시킨다. 호루스가 자신을 죽였음에도 불구하고
이시스는 다시 아들 호루스를 위하여 전장에 나선다. 그 후 호루스는
세트를 이기고 파라오에 등극한다.

2) 이집트문명의 역사[20]

BC 3000년경에 메네스왕에 의해 나일강 주변의 부족들이 통일이 되면서 고대 이집트문명은 시작되었으며, 이후 약 2700년 동안에 31개 왕조에 걸쳐 BC 332년까지 계속 이어갔다. 이집트의 고왕국시대에서 대표적인 유적은 피라미드로, 이것은 마스타바에서 계단식 그리고 굴 절식과 사각뿔형 피라미드로 크기와 규모에 있어서 발전되어 갔다. 그리고 그 후 중왕국에서는 태양신 라와 오시리스 숭배가 이루어져 신전 건축과 소규모 피라미드가 건설되었다. 중왕국 말기에는 힉소스의 침입으로 이방인의 지배가 약 150년간 이어지다가, 아흐모세 1세에 의해 신왕국이 시작된다.

이후 BC 1200년경에는 모세에 의해 유대인의 출애굽을 하고 가나 안으로 돌아가는 여정이 성서에 기술되어 있는 바와 같다. 이때에는 각 종 신전과 아브심벨, 왕가의 골짜기 등의 유적들이 신왕국에 속한다. 그들은 나일강 범람의 규칙성을 알아내고 농경에 필요한 수학과 천문 학을 발달시켰다. 기제의 거대한 피라미드와 스핑크스 그리고 각종 신

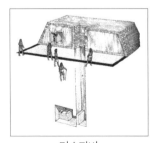

마스타바

계단식 피라미드

20) 출처 : Daum / 지식

굴절식 피라미드

피라미드

전 등은 이집트문명의 뛰어난 건축술과 기하학을 보여준다.

이집트 사회는 파라오라고 하는 왕과 신관 그리고 관료계급과 평민으로 이루어진 하향식 계급구조 사회였다. 왕은 어떤 다른 인간보다 우월한 존재로 여겨졌기 때문에 인간이라기보다는 신에 가까운 존재로 여겼다.

(1) 고왕국시대

고왕국시대는 BC 3000년경에 메네스가 상이집트와 하이집트를 통일하고 양국의 경계인 멤피스에 중심도시를 세웠다고 한다. 멤피스는 경제, 정치적인 면에서 중요한 곳으로 그들이 받들었던 신은 수공업자와 장인들의 수호신인 '프타'였다. 이 프타신전은 멤피스에서 가장 중요한 건물 가운데 하나였다. 여기서 멤피스란 이름은 '하얀 벽'을 뜻하는 말로 원래는 회반죽을 칠한 벽돌 벽을 가리키는 것이다. 또한 하얀색은 하이집트 왕의 색깔이었으므로, 그 색깔은 정치적인 의미도 갖고 있다.

BC 2925년~BC 2650년경의 제1왕조와 제2왕조 시대 왕들의 4각형 돌로 만든 무덤들은 주로 아비도스에서 발굴되었다.

BC 2650년경~BC 2465년경의 제3왕조와 제4왕조 때는 이 시대의 왕들이 묻힌 거대한 피라미드 무덤들이 발견된다. 특히 제3왕조의 두 번째 왕인 조세르는 건축가 임호테프를 시켜 전부 돌로 만들어진 최초의 대규모 계단식 피라미드를 건설했다.

　제3왕조에 속한 다른 왕들의 무덤들도 멤피스 근처에서 완성되지 못했거나 심하게 파손된 피라미드의 잔해로 남아있다. 제4왕조의 첫 번째 왕인 스네프루는 다슈르에 2개의 피라미드 무덤을 세웠으며, 기제에 있는 3개의 커다란 피라미드는 제4왕조 말기의 왕인 쿠푸, 카프르, 멘카후라의 무덤이다. 또한 인접해 있는 거대한 스핑크스는 카프르 때 세워졌다. 스핑크스는 고대 이집트에서 '호르 엠 아케트'라 불렸는데 지평선에 있는 호루스라는 의미이다. 특히 스핑크스는 다름 아닌 태양신 라의 화신으로 태양 신앙의 상징으로 신앙의 대상이었다.

　BC 2465년~BC 2325년경의 제5왕조의 왕들은 기제 남쪽 아부시르로 옮겨가 그곳에 장제전(葬祭殿)을 세웠으며, 아부시르에 있는 피라미드는 제4왕조 시대의 피라미드보다 훨씬 더 작다. 이 시대의 주된 기념물들은 피라미드가 아니라 태양신을 모시는 신전들이었다.

　BC 2325년~BC 2150년경의 제6왕조 동안에는 사카라의 피라미드 지역에 세워진 장제전들이 그 크기에서나 기술에서 퇴보를 한다. 멤피스에서 멀리 떨어진 곳에 많은 훌륭한 무덤들이 자리 잡은 것에서 알 수 있듯이 멤피스에 있던 중앙집권화된 정부의 영향력이 줄어들기 시작했다. 이처럼 분권화 과정은 마침내 내적 분열의 시기인 제1중간기를 낳았다. 제7왕조와 제8왕조는 두 왕조 모두 합쳐 보아야 아주 짧은 기간에 지나지 않았고, 실제로 고왕국은 제6왕조가 막을 내린 뒤 곧바로 지방 제후들에 대한 통제권을 잃었을 것으로 보인다. 고왕국시대가 끝나면서 이집트는 제1중간기라 불리는 암흑시대로 약 140년간 혼란스러운 시기를 보낸다.

종교에 있어서는, 고왕국시대에는 초기에 북두칠성 신앙이 주였으나 후기로 갈수록 태양신 라 신앙이 대단히 강해지기 시작했다. 즉, 제3왕조에서는 북극성을 성스러운 별로 숭배하는 점성 신앙이 번성하였었다. 그래서 피라미드의 입구도 북극성을 가리키는 북쪽에 놓여 있었던 것이다. 이것이 점차 태양이 떠오르는 동쪽이 신성한 방향으로 간주되기 시작함을 보여준다.

그리하여 제4왕조 말기에는 태양 신앙이 점성 신앙을 대체하고, 왕의 칭호에도 태양신의 아들임을 나타내는 '라'가 쓰이게 된다.

(2) 중왕국시대

BC 2050년~BC 1750년경까지의 중왕국시대는 고왕국의 분열된 이집트가 다시 통합되었던 시대이다. 초기에는 북의 헤라클레오폴리스에 웅거한 제10왕조와 테베에 웅거하는 안테프의 제11왕조가 독립하여 서로 대립하였다. 그리고 이집트는 제11왕조의 멘투호테프 2세 때 다시 통일되었다.

BC 1938년~BC 1756년까지의 제12왕조에서는 멤피스 피라미드 지역의 남쪽 끝에 있는 다슈르에 피라미드를 세웠으나, 중왕국의 기념물 중 대다수는 리슈트 근처에 자리를 잡았다. 멘투호테프 1세의 후계자들은 테베를 거점으로 하여 나라를 다스렸다. 멘투호테프 3세(BC 1945년~BC 1938년) 때 왕의 대신인 아메넴헤트가 왕위를 빼앗아 제12왕조(BC 1938년~BC 1756년)를 세웠다. 아메넴헤트 1세는 가장 많은 사람이 모여 사는 멤피스로 도읍을 다시 옮겼다.

제12왕조의 왕들은 파이윰의 북동쪽에 있는 리셰트로 도읍을 옮겼고 리셰트·하와라지역에 피라미드나 신전이 조영되었다. 이 시대는 민중의 힘이 강해져서 귀족을 대신하여 관리에 등용되었고 농노에서 자유민으로 되는 길도 열리는 등 고대 이집트의 역사 가운데서 가장 인정되었던 시대였다. 그리고 제12왕조에서 제13왕조로 넘어가는 사이에 왕권에는 완전한 변화가 일어났다. 약 1세기 동안 70여 명이 왕위를 차지했다. 많은 왕들은 몇 개월밖에 다스리지 못했고, 왕위를 요구하는 경쟁자들도 있었을 것이다. 제13왕조(BC 1756년~BC 1630년) 때는 아시아계 이민들이 대거 유입되었다.

(3) 힉소스의 지배

중왕국의 제12왕조 말에 또다시 정치적·사회적인 혼란 시대가 다가온다. 이집트의 역사에서 이러한 시기를 제2중간기라고 하며, 이때를 기회로 BC 1720년경에 아시아로부터 힉소스족이 침입해서 이집트를 점령한다. 이들은 전차와 말을 타고 쳐들어와 BC 1680년경 이집트에 처음으로 이민족의 왕조를 세웠다. 이 왕조는 이후 150여 년간 계속되었다. 이 시대가 성서의 요셉이 총리와 재정장관을 했다는 시기이다. 그리고 실제로 그와 관련된 유물도 다수 출토되고 있다. 그 후 힉소스족의 지배를 받던 이집트인들은 테베의 귀족 아흐모세 1세를 중심으로 힘을 합쳐 BC 1567년경 다시 이집트를 탈환했다.

힉소스 지배시대에 수도는 나일 삼각주에 있는 아바리스이다. 제18왕조가 힉소스족을 완전히 몰아내고 통일 왕국을 건설한 후에는 테베가 다시 수도로 된다. 그러나 신왕국시대의 테베는 종교의 중심지이고, 이집트의 실질적인 정치적 수도는 바로 멤피스였다.

(4) 신왕국시대

BC 1539년~BC 1075년까지가 신왕국시대에 해당된다. 아멘호테프 2세는 BC 1426년~BC 1400년까지 재위하고, 그의 아들인 투트모세 4세에 걸쳐 제18왕조의 거의 모든 왕들은 대신전에 건물을 증축하거나 대신전을 다시 세웠다. 다만 아멘호테프 3세의 아들로서 종교개혁가인 아크나톤은 멤피스에다 아톤 신에게 바치는 신전을 건설했다.

BC 1292년~BC 1190년까지의 제19왕조 때에는 새로운 왕궁이 훨씬 북쪽으로 올라가 삼각주에 있는 페르라메수에 세워졌다. 대신전이 다시 건설되었는데, 그 시대의 왕들은 앞선 왕들이 세운 기념물을 해체하여 건축 자재를 얻어냈다. BC 1279년~BC 1213년까지 재위한 람세스 2세는 신전 안에 많은 거상들을 세웠는데, 이 시기가 성서에서 모세의 출애굽기에 해당된다.

제20왕조가 끝날 때쯤 통일 왕국은 다시 무너지기 시작했다. 이집트 남쪽에 있는 누비아는 여러 세기 동안 이집트의 정치적·문화적인 영향을 받고 있었으나 기원전 8세기경에 누비아왕 피앙키가 이집트를 정복하여 쿠시 왕조를 세웠다. 그러나 쿠시 왕조는 얼마 못가서 아시리아의 왕 에사라돈(BC 680년~BC 669년까지 재위)이 이집트를 침략했을 때 무너지고 말았다.

그리고 BC 612년 아시리아가 멸망하자, 이집트는 제26왕조가 세워지고 잠시 독립을 누렸으나 얼마 가지 않아 또다시 페르시아에게 정복당한다.

BC 525년 이집트는 페르시아 왕 캄비세스에게 함락되었고, BC 332년에는 페르시아의 지배가 끝나고 그리스의 알렉산드로스 대왕에게 정복되었다. 그리고 헬레니즘시대인 BC 304년~BC 30년까지 이집트를 지배한 프톨레마이오스 왕조 때는 세계주의적인 변화를 맞아 많은 그리스인들이 이집트로 이주해 살면서 진정한 고대 이집트문명은 사멸해 버렸다.

2. 단군신화와 한(칸)국

우리 한(칸)민족의 뿌리는 성서 속의 카인(칸)이며, 수메르 인이다. 우리에게 전래된 단군신화는 그들이 동방으로 이주하여 토착민들을 정복하고 융합해 나가는 과정을 신화화한 것이다. 즉, 우리의 신화 속에 환인(칸인)과 환웅(칸훈) 그리고 단군에 이르기까지가 이 과정을 나타낸 것이다.

1) 카인(칸)과 환인

카인에 관계된 키워드는 환인, 에덴의 동쪽, 우르 등이며, 농경문화와 카인이 단군 신화 속의 환인이라는 점이 중심 내용이다.

(1) 카인족의 출현

성서의 내용에 따르면 아담과 이브의 장자인 카인은 농경을 하였고, 아우인 아벨은 목축을 영위한 것으로 되어 있다.

카인과 아벨이 하나님에게 공물을 바칠 때 아벨의 것은 취하고 카인의 것은 등한시하여, 카인이 질투심에 아벨을 죽인 것으로 되어 있다. 이 때문에 하나님의 저주를 받아 에덴의 동쪽으로 쫓겨나 거주하게 되고, 그 후 그의 후손이 이어져서 노아를 거처 유대인의 조상인 아브라함에 이르는 가계를 갖는 것으로 되어 있다. 그러나 이것은 성서상의 이율배반적인 흐름의 요인으로 보인다. 특히 몇 세기 후에 아브라함과 유대인은 목축을 하는 민족으로 가나안에 정착한 것으로 기록되어 있어 실제적으로는 유대인의 조상은 목축을 하며 양떼를 키우던 아벨의 후손일 가능성이 더 크다. 왜냐하면 농경을 하는 카인이 별안간 마음을 바꾸어 자신의 생업을 경험 많은 농경에서 생소한 목축으로 바꾸지 않기 때문이다. 이러한 점에서 유추해보면 아벨은 카인에게 죽은 것이 아니라 죽음이라는 상징적인 대접을 받는 것으로 상호 종족간의 결별을 뜻하거나 카인족이 아벨족을 배척한 것으로 여겨진다. 이것은 추후의 카인이 에덴의 동쪽을 떠나 전 세계로 퍼져 나갈 때 주로 농경을 할 수 있는 강가로 이주한 것을 보아도 알 수 있다. 오히려 유대인은 농사보다는 목축을 할 수 있는 가나안 땅으로 들어 선 것으로 보아 아벨의 후손으로 보는 것이 타당하다.

이러한 점에서 카인은 아벨과 달리 농업 경작을 유지하고 있으면서 그 후에도 존속하여 전혀 다른 지역에서 나타나고 있다. 즉, 인도의 인더스 강가와 극동의 요하지역으로, 이곳은 농사가 가능하며 지역적인 조건도 메소포타미아와 유사하다.

(2) 카인과 우두머리 칸

카인은 성서에서 아담에게 축출되어 에덴의 동쪽에서 더욱 동쪽으로 갔다고 하는데, 이곳을 계속 연장하면 중앙아시아 초원 그리고 만주 및 요하, 혹은 황하와 한반도의 특정지역으로 연결이 된다. 특히 카인족은 농경부족으로 강가를 끼고 곡식농사를 주로 하는 부족이다.

성서에서도 아벨은 목축을, 그리고 카인은 농사를 지었다고 기록되어 있다.

환인

그들이 농사가 불가능한 초원지대에서 정착할 리는 없다. 그래서 농경이 가능한 강가를 찾았을 것이다. 중앙아시아 초원을 지나서 최초의 농사가 가능한 강가는 발해만의 요하와 대능하 사이였을 것이다. 이 당시 이곳 발해만 주변은 신석기시대 상태에 있었으며, 청동기의 카인족이 도래함으로써 그 이전에 상당기간 유지되어 오던 석기시대가 마감되었다. 그리고 청동기시대로 전환하는 계기가 된다. 그래서 그 이전의 생활에 사용되는 토기도 즐문토기에서 무문토기로 변화되어 나타난다. 그리고 청동기시대로 이전되면서 본격적인 국가가 형성되며, 요하와 대능하 유역은 고대 수메르문명에서 이어지는 고도의 동방문명권을 최초로 형성한다.

이에 반해 당시의 중국은 신석기시대에 머물러 있으면서 초기 동방문명의 2차적인 수혜지역이 된다. 이것은 중국의 황하가 수메르문명의 도래 지역에서 소외되어 있기 때문이다. 그래서 BC 1700년경에나 칸족의 발달된 문명을 전수받아 황하문명을 이루게 된다.

중국의 고대문자라고 하는 갑골문자 또한 카인족의 문자인 수메르의 그림문자가 발전된 것이다. 그리고 황하지역의 초기 국가인 하나라도 칸족의 신시배달국 문명을 전파받아 만들어진 국가로 중국의 황하문명이 이곳에서 시작한 것이다. 이 때문에 중국의 황하문명은 허구이며, 수메르에서 이전해온 한(칸)민족의 홍산문명이 동방의 근원 문명이다. 이것은 우리의 홍산문명을 이룬 칸족의 정치조직과 사회상의 종교

등이 수메르의 것과 유사한 것을 보아도 알 수 있다. 그리고 수메르의 언어와 우리의 언어가 조사를 사용하고 있는 교착어를 쓴다는 점에서 동일계 언어권에서 출발한 유사 언어라고 할 수 있다. 이러한 것들을 통해 우리의 뿌리가 수메르에서 온 것임을 알 수 있다.

여기서 '칸'이란 몽골족의 우두머리라는 의미이다. 즉, 징기스칸에서의 '-칸'도 같은 의미이다. 다시 말해서 몽골계의 칸이란 말은 칸인족을 대표하는 칸에서 나왔을 것으로 여겨진다. 수메르의 칸인족이 메소포타미아에서 축출되어 동쪽으로 이동해 가는 과정에서 중앙아시아의 초원지대를 통과하였다. 그렇기 때문에 이때 생긴 이 지역의 토착민들(지금의 몽골족)이 칸인족을 그들의 우두머리라고 생각하게 된 것이다. 그리고 그때 사용한 명칭이 그 후대에 계속적으로 이어져서 칸이 족장, 혹은 우두머리라는 의미로 남은 것이다.

(3) 카인과 단군신화

단군신화는 우리 한(칸)민족의 국조인 단군의 탄생에 대한 신화로 삼국유사, 제왕운기, 동국여지승람 등에 실려 있으며, 그 내용을 살펴보면 다음과 같다.

아주 옛날 하늘에 하느님의 신 환인이 계셨다. 그의 서자인 환웅이 인간세상에 널리 이롭게 하고자 하는 뜻을 두고 있어, 천부인 세 개와 3,000명의 무리를 주며 인간세상을 다스리게 했다. 그래서 태백산 신단수 아래로 내려온 환웅은 그곳을 신시라 하고 풍백, 우사, 운사와 함께 세상을 다스렸으니 이 분이 곧 환웅천왕이다.

이때 범과 곰이 사람이 되고 싶어 하므로 신령한 쑥과 마늘을 주어 100일 동안 굴 속에서 거하게 했으나, 범은 견뎌내지 못하고 뛰쳐나갔다.

그러나 끝까지 견디어낸 곰은 여자의 몸으로 변해 웅녀가 되었으며, 그 후 웅녀가 된 곰은 환웅과 혼인을 하여 잉태를 하였다. 이로써 낳은 아들이 단군왕검이며 이렇게 탄생한 단군께서 아사달에 도읍을 정하고 국호를 조선이라 했다.

이러한 단군신화는 승려 일연의 삼국유사에 나와 있는 석유환인(昔有桓因 : 옛날에 환인이 있었다)에서와 같이 환인에서 기인한다. 이것은 BC 2350년경에 메소포타미아지역에서 축출된 수메르의 칸인족이 동방으로 진출하여 홍산과 요하에 정착하면서 이루어진 신화이다.

환웅   단군

칸은 한자어로 가한 또는 환(桓)이 된다. 그래서 카인은 칸인으로서 한인 혹은 환인이 될 수 있다. 즉, 단군신화의 환인 하느님이 된다.

또한 환웅은 칸훈으로 칸인족이 동방으로 진출하면서 토착부족인 훈족과 결합하는 과정이 신화로 남아 있는 것이다. 즉, 칸인의 칸과 훈이 결합하여 칸훈(환웅)이 된 것이다.

더불어 '태백산'에서 태백의 어원은 '탑파' 혹은 '타바(Taba : 마스타바 / 이집트 초기무덤)'에서 온 것으로 탑산 또는 인공산(피라미드 혹은 제단)이라는 의미이며, 한자 표기 이후에 변한 것으로 여겨진다. 특히 태백(太白)이란 '하얗고 큰'이라는 뜻이 있으며, 이것은 하얀색의 화강석으로 높이 쌓은 3단의 제단을 의미한다. 또한 '신단수'의 경우 우리에게는 자작나무이며, 일본의 경우는 신사에서 제례용으로 쓰는 삐

죽이(神)나무일 가능성이 크다. 왜냐하면 삐죽이나무는 신(神)이라는 글자와 나무(木)가 합쳐 있는 형상으로 신단수라는 의미가 되기 때문이다. 특히 일본의 신도(神道)는 우리 한반도에서 넘어간 것으로 그 전통이 비교적 잘 보존되고 있어서 우리민족의 고대 제천 형식을 미루어 짐작할 수 있다.

더불어 신화 속의 신시(神市)는 적봉의 하가점 하층 문명지에서 발견된 성곽(성자산성) 유적지일 가능성이 크다. 그 이유로는 하가점 하층 유적의 조성시기가 BC 2200년경으로 신화적 시기와 유사하며 축성법이나 형식이 후기 고구려의 양식과 유사한 것으로 보아 우리 한민족의 고대 유적임에 틀림이 없기 때문이다.

그리고 환웅이 웅녀와 결혼해서 단군을 나았다는 점은 칸인족의 칸이 토착부족인 훈(웅)족과 결합하여 칸훈, 즉 환웅이 되고 또 환웅은 곰 토템의 맥족과 호랑이 토템의 예족 사이에서 맥족의 웅녀를 선택하여 단군이 태어났다. 이것은 나중에 신시배달국(신칸)이 약해지고 멸망한 후 한반도와 만주에 또 다시 훈족들이 본격적으로 나타난 것으로 보아 칸국의 백성인 훈족들이 국가를 잃고 발호한 것으로 보인다.

또한 후에 훈족이 서방 유럽으로 진출할 때는 터키계인 돌궐과 함께 연합할 수 있었던 것도 고대의 우리 한민족과 터키계의 종족들과는 지속적인 교류가 있었다는 반증이다. 그리고 현재에도 양국의 언어나 생활상의 유사점으로 보아 터키계 또한 수메르의 일 분파일 가능성이 크다.

더불어 같은 지역에서 출현하여 후에 중국의 수와 당 제국을 건설한 선비(鮮卑)족도 한자에서 나타나는 바와 같이 '조선(朝鮮)의 비천(卑賤)한 계층'에서 나온 명칭으로 보인다. 즉, 중국을 지배했던 선비족도 고조선의 하층계급 출신이라는 의미가 된다. 그리고 이것을 미루어 보면 그들이 왜 악착같이 고구려를 멸망시키려고 했는지도 짐작이 간다.

(4) 역사적 시간

수메르(우르 : Ur)가 셈계 아카드의 사르곤 1세에게 축출되는 시기가 BC 2350년경이다. 이들이 메소포타미아(에덴)에서 동쪽으로 축출되어 유목부족(아벨)과 농경부족(카인) 간에 갈등이 생겨서 다시 분리가 되고, 이때 유목부족인 아벨족은 아브라함을 중심으로 서쪽으로 이동하여 지중해의 레반트지역에 가까운 가나안에 정착한다. 그곳에 도착할 때까지는 성서에 따르면 노아의 대홍수를 거쳐 약 300년의 시간이 흘러 BC 2000년경이다.

이와는 달리 농경부족은 칸(환인)의 통솔 아래 중앙아시아 초원을 넘고 홍산을 거쳐 농사가 가능한 지역에 도달하게 된다. 그곳은 그들이 떠나온 메소포타미아와 유사한 곳이면서 강과 바다가 만나는 요하와 대능하 사이의 발해만지역이다. 이때는 환웅을 거쳐 단군시대가 되며 요하에까지 도달할 때는 수십 년이 지난 BC 2300~BC 2200년경이 된다. 이것이 우리민족의 국조인 단군왕검이 국가를 세우게 되는 계기이다. 그리고 그 시기가 개천절이 되어 동방문명권에 새로운 지평을 이루게 된 것이다.

단군 이전의 환웅이 세운 신시는 도시국가의 형태를 취하던 수메르의 국가체계와 동일하다. 그리고 그 장소는 지금의 홍산, 적봉지역이며, 산위의 정상이 유력하다. 더불어 단군이 세운 아사달은 평야지역으로 지금의 조양과 우하량(하가점 하층문화)지역일 가능성이 크다.

이러한 점은 후에 일본이 국가를 세울 때 제사를 다루는 신의 도시로 이즈모를 택하고, 정치는 나라(교토)에서 하는 것과 같은 지역적 재정분리 원칙에 따른 것 같다. 또한 남아메리카의 잉카제국도 산위에 마추픽추라는 신의 도시를 세우고, 통치는 교통이 편리한 평야지역 쿠스코에서 하는 것도 같은 맥락이라고 볼 수 있다.

(5) 문화의 유사성

우리에게는 다른 언어 문화권과 구분이 되는 독특한 표현의 말에 있다. 그것은 '우리'라는 표현이다. 서양이나 중국 등에서는 일인칭 소유격을 '나의'라는 표현을 쓰나, 한국어에서는 '우리'라는 표현을 주로 사용한다. 예를 들면 '나의 집'이라는 말도 '우리 집'이라고 하고 '나의 마누라'도 서양 사람들이 이해할 수 없는 '우리 마누라'라고 하는 것과 같이 '나'라는 표현 대신 '우리'라는 표현을 즐겨 쓴다. 이것은 '우리'라는 말이 공동체 의식에서 나온 말이기도 하지만 하필이면 우리라는 언어로 된 것은 그 안에 중요한 의미가 있기 때문이다. 즉, '우리'의 어원을 보면 '우리'는 울 엄마, 울타리 등의 경우와 같이 울에서 나왔다. 이러한 울은 그 자체가 우르(Ur : 수메르의 왕조로 중심도시국가)에서 기인한 것으로, 우르의 공동체에 대한 지속적인 표현의 결과로 만들어진 언어라고 볼 수 있다.

더불어 지금의 우리나라 수도인 '서울'의 경우도 같은 맥락에서 유추해 볼 수 있다. 즉, 서울의 어원이 '서쪽의 우르'에서 기원했다는 것을 알 수 있다. 특히 수메르의 언어 중에 우리의 말과 유사한 것이 많이 있다. 그 중에서 울 엄마의 경우는 우르움마에서 기원한 것으로 보이며, 아버지(애비)는 아비 또는 아브와 동일하고, 도로가 길로 표현되었던 것으로 보아 우리말의 상당수가 수메르에서 나온 것으로 여겨진다.

더불어 지금은 함축어처럼 사용하는 말인 -함(한다), -임(이다) 등도 수메르 언어의 반영인 것으로 보인다. 여기서 -임은 존중하는 표현으로 아비를 아버지로 하고 아버님(아버지이다)로 칭하며 움마를 엄마로 하며 어머님(어머니이다) 등으로 표현하는 것이 이것에 기인한다.

그리고 -함 또한 결정 언어로 '무엇이라 함'은 '무엇이라고 한다.'와 같다. 그래서 유대인의 믿음의 조상인 '아브라함'은 '아브(아비)라고 한다.'는 말의 함축적인 표현이 될 수 있으며, 이것을 통해 살펴보면 우리와 유대인의 고대어가 동일한 계통에서 시작된 언어로 볼 수 있다.

소머리라는 뜻도 수메르에서 온 것이다. 이것도 수메르의 상징이 신화 속에서 황소나 소머리로 표현되는 것을 고려하면 쉽게 알 수 있다. 또한 삼국시대에 고구려 장수의 투구가 소머리를 상징하는 소뿔을 장식한 것도 같은 맥락으로 볼 수 있다. 더불어 단군시대의 지배계급의 직제도 3사(풍백, 우사, 운사)인 것과 같이 수메르의 지배계급도 신관, 관료, 군사의 3계급으로 분류되어 있는 것도 동일하다.

2) 단군신화와 우리민족

> 단군신화의 키워드는 환인, 환웅, 웅녀이며, 단군신화는 신화가 아닌 실제로 있는 역사적인 사실을 신화로 표현한 것이다.

(1) 환인과 환웅은 수메르계의 족장(왕)

환인은 앞서의 내용에서와 같이 칸인(성서의 카인)에서 나온 것으로 수메르의 발달된 청동기문명을 동방으로 가져오면서 당시의 극동지역의 신석기문명을 제압하고 청동기문명으로 동화시켰을 것이다. 그리고 신화 속에서 환인이 하느님으로 표현된 것은 수메르가 가지고 온 종교 자체가 천신숭배 사상의 종교이기 때문에 칸인족의 우두머리가 하느님과 동일시하여 신격화된 것이다. 특히 환웅의 경우는 서자환웅(庶子桓雄)으로 표현된 것으로 보아 칸인족의 족장(왕)이 같은 종족이 아닌 훈족의 여인으로부터 자식을 얻어 왕위계승을 한 것을 상징적으로 나타내는 것으로 보인다.

또한 환웅이 자신을 계승할 자식을 얻기 위해 선택한 배우자는 당시의 그 지역 양대 세력인 호랑이 토템의 예족과 곰 토템의 맥족 사이의 경쟁에서 취한 것이다. 그리고 이 경쟁에서 맥족의 웅녀가 선택되어 후사를 이은 것으로 단군의 탄생에 대한 출신을 상징적으로 표현한 것 같다. 이것을 다른 의미로 보면 신시에서 조양으로 도읍을 정할 것인가, 아니면 북만주의 장춘 쪽으로 정할 것인가의 선택에서 조양 쪽으로 정한 것을 상징하는 것일 수도 있다. 여기서 호랑이는 만주 벌판의 예족(후에 물길, 여진)의 토템이며, 단군이 정착한 요하(우르하)지역 맥족의 토템은 곰일 것이다.

이렇듯 환인과 환웅은 청동기문명을 가지고 동방으로 진출한 수메르의 족장으로 우리 한(칸)민족의 조상이다.

(2) 단군은 실존인물

단군은 실존인물로 BC 2300년경 우리의 사회를 형성하고 한(칸)민족의 기원을 세운 우리민족의 실존하였던 조상이다. 그리고 우리민족의 실제적인 역사는 메소포타미아의 수메르에서부터 따지면 5800년이 되고 단군왕검에서 시작하면 4300년이 된다. 지금 우리는 단군 기원을 BC 2333년으로 정하고 있다. 그러나 이것은 중국의 역사가 요순

(堯舜)부터라는 역사적인 날조를 당연시하고 정한 시기를 기준으로 했기 때문이다. 그리고 그 시기는 날조된 역사 속에 언급한 요 임금과 같은 시기라는 터무니없는 기록에 따라 만들어진 것이다. 그래서 이러한 거짓 역사의 망령에서 헤어 나와 실존했던 단군 기원이 다시 정확하게 정해져야 하며, 그 시기는 BC 2300년~BC 2200년 사이일 것이다. 그리고 지금도 우하량(조양)지역에서는 단군시대의 지배계층과 단군왕검의 묘가 다수 발견되고 있으나, 우리의 무관심과 중국의 동북공정에 막혀 남의 역사로 변조되고 있는 실정이다.

더불어 중국의 기원인 삼황오제는 우리의 고대사회에서 성립한 도시국가 중의 한 곳의 역사이거나 배달국 또는 고조선의 행정관료 계급직제일 가능성이 크다. 이러한 사항들은 후기 중국의 역사가들이 고대역사의 일부를 날조하여 자신의 신화 속에 편입시키고 마치 우리의 단군도 신화 속에서 존재했던 인물인 것처럼 호도한 것이다. 그래서 우리 후손들이 자신의 역사를 제대로 알지 못하게 되고 왜곡된 역사 속에서 헤매도록 만든 것이다. 이것은 우리가 고대역사를 소홀히 하여 우리의 역사를 바로 전하지 못한 것이 가장 큰 원인이다. 그리고 (가칭)통일신라 이후 모화사상에 빠진 정치적 관료들에 의해 불태워지고, 숨겨지고, 왜곡되어 망실한 것이다. 여기서 통일신라를 가칭이라고 하는 것을 그 당시 한반도 북부와 만주에 우리의 동족인 발해가 국가를 이루고 있었으므로 남북조시대(신라와 발해)라고 해야 맞다.

이와 더불어 고려 중기 이후부터 근세 조선시대 말기에 이르기까지 주자학에 심취한 매국 선비들에 의해 호도된 역사를 바로 잡지 않고 방치하는 오류를 범했다. 그래서 지금은 우리 역사의 상당부분을 남의 나라에게 빼앗긴 어리석은 나라의 국민으로 남은 것이다.

3. 아브라함과 유대민족

성서 속에 나타나는 유대민족은 유목민족으로 카인보다는 아벨의 후손일 가능성이 크다. 그들은 아브라함을 믿음의 조상으로 섬기고 있으며 유일신사상을 가지고 있다. 그리고 아브라함은 성서에 기록된 바와 같이 갈데아 우르 사람으로 수메르인이다. 여기서 갈데아지역은 메소포타미아에 있는 갈대의 습지이며, 이것은 우리말의 '갈대'와 같은 호칭으로 보인다.

이 책에서는 성서 속의 천지창조를 신화와 같은 개념에서 보고 역사시대와의 관련성을 찾아보았다. 특히 유대민족의 역사는 아브라함 이후 요셉의 생존 시기를 기준으로 이집트 역사와 대비한다.

1) 아벨과 아브라함

카인의 후손으로 지칭되는 유대민족을 상징하는 키워드는 아벨, 아브라함, 가나안 그리고 유목민족이다.

(1) 유목민족의 태동

유대인은 유목민족의 후손이다. 성서에서 보면 유대인은 카인의 후예로 되어 있으나, 카인은 성서에 명시되었듯이 농업경작을 하는 사람이다. 이것으로 보아 유대인이 카인의 후예라는 것은 카인에 의해 살해당한 아벨 대신에 만들어진 잘못된 역사적 역발상일 가능성이 크다.

그리고 노아의 대홍수 이후 아브라함이 가나안으로 들어갈 때까지 유대인은 유목민족으로 그들에게는 목축이 주업이었다. 또한 구약성서에 나타나는 유대인의 직업 또한 유목이나 목축이 대부분이다. 인류 최초의 살인자인 카인이 행한 살인사건은 성서 속의 상징적인 살인으로 보이며, 그 후에도 카인족은 엄연한 농경부족으로 남아있었다. 그리고 실제적인 카인족은 고대의 세계문명의 주도자이며, 전파자로서 전 세계에 퍼져 나간다. 더불어 그들은 인류문명의 발전에 지대한 공헌을 했으며, 성서에서와 같이 유대인의 조상으로 유목민족으로 변화한 것은 아니다.

오히려 유대인들은 카인족과 결별하여 아브라함이 가나안으로 들어갈 때까지 수메르의 길가메시신화와 같은 내용의 노아의 대홍수, 소돔과 고모라 등의 온갖 수모와 고난을 겪고 이동을 한 유목민족이다.

(2) 가나안과 아브라함[21]

유대민족이 가나안지역에 정착하기 전의 원주민들을 가나안족이라 불렀다. 가나안과 가나안족이라는 이름은 성서를 비롯해 설형문자로 된 BC 15세기경의 이집트·페니키아 문헌에서도 찾아볼 수 있다. 여기서 가나안은 팔레스타인과 시리아 전체를 포함하는 지역을 가리키거나 요르단강 서편 땅 전체 혹은 아크레 북쪽으로부터 해안을 따라 있는 좁고 긴 땅을 가리키기도 한다. 유대인은 BC 2000년대 후반

아브라함과 이삭

---

21) 출처 : 백과사전 / 브리태니커

이 시작될 무렵이나 또는 그 이전에 팔레스타인(가나안) 땅을 정복하여 차지했다. 가나안이라는 말의 어원에 대해서는 논란이 많으나 이 지역에서 생산되는 진한 자줏빛 염료를 말하는 '붉은 자줏빛'을 의미하거나, 또는 그 색으로 염색된 모직을 뜻하는 고대 셈어에서 유래한 듯하다.

가나안 해안지방의 문명은 구석기시대로 거슬러 올라갈 수 있다. 그러나 마을이나 부락을 이루어 정착하기 시작한 것은 신석기시대(BC 7000년경~BC 4000년경)에 이르러서부터였다. 그 다음의 금석 병용기 시대(BC 4000년경~BC 3000년경)에 이 지역의 특징은 도자기와 청동을 사용했고, 진흙으로 담을 쌓았으며, 다듬지 않은 돌로 집을 지었다는 데 있다.

초기 청동기시대(BC 3000년경~BC 2000년경)에 금속이 도입되자 문화적인 혁명이 일어났고, 그 결과 채색된 도자기는 쇠퇴하고 조각과 야금술이 발달했다. 이 시기에 셈족이 처음 나타났으며, 중기 청동기시대(BC 2000년경~BC 1550년경)에 이르러 역사가 문자로 기록되기 시작했다. 북동쪽에서 가나안으로 침투한 셈족 계통의 아모리족은 이 지역 인구의 대부분을 이루었다. 그밖에 이집트인과 힉소스족 그리고 팔레스타인 북쪽에서 이주해온 듯한 일단의 아시아인들이 침입해왔다. 그 당시 후르리족도 북쪽에서 가나안에 들어왔다.

후기 청동기시대(BC 1550년경~BC 1200년경)에는 아나톨리아의 히타이트족이 도전해오기도 했지만 주로 이집트가 통치했다. 그 시대는 하피루 또는 아피루라는 약탈자들의 침략이 두드러졌다. 많은 학자들이 다양한 인종들로 이루어진 이들을 본래의 히브리인들로 생각하고 있다. 후대의 이스라엘(유대)은 이 하피루 가운데 한 분파이거나 이들의 연합체였다. 그러나 BC 13세기 말에 가나안 남쪽지역에 대한 이집트의 지배는 약화되었고, 히타이트는 북쪽에서 침입한 해양족의 공격 때문에 멸망하여 가나안은 일시적으로 통치 공백상태에 놓인다.

BC 1250년경으로 여겨지는 후기 청동기시대에서 초기 철기시대로 바뀌는 무렵, 유대인이 가나안의 고지대와 남쪽지방에 정착하기 시작했다. 이것이 모세의 출애굽기 시기와 맞는 것으로, 이때에 유대인이 가나안에 정착했을 것으로 보여진다. 그 다음 세기에 가나안은 크레타에서 온 듯한 필리스틴(블레셋)의 침입을 받았다. 필리스틴은 결국 가나안 남부 연안에 5개의 도시국가로 이루어진 연합체를 결성했다. 다윗왕의 지도 아래(BC 10세기경) 이스라엘 백성들은 마침내 필리스틴을 물리치고 가나안 원주민들을 정복할 수 있었다. 그 후로 가나안은 실제 유대인의 땅이 되었다.

'아브라함'은 수메르의 언어로, '아브'는 아비, 즉 아버지를 뜻한다. 이는 우리의 말 아비와 동일한 어원을 갖고 있는 것으로 보이며, 아브라함과 우리 한민족은 언어상 수메르에서 분화한 공통점을 가지고 있다. 특히 아브라함의 아들인 '이삭'은 우리말의 자라나는 '싹'을 말하며, 이것은 자식의 의미와 같이 동일한 것이다. 즉, 유대인이 믿음의 조상으로 섬기는 '아브라함'은 '아비라고 한다.'는 우리말의 의미와 같다는 것을 알 수 있다. 그리고 그 아들은 우리말의 자식을 뜻하는 '싹'과 같이 이삭이다. 여기서 아브라함의 아들이 이삭인 것은 이삭이 우리말에서 벼가 자라나는 초기 단계를 말하는 것과 같다. 이렇게 보면 고대의 유대 언어에서 이삭은 싹과 같은 의미로 자식을 의미했던 것으로 보인다. 예를 들면 우리말에서 '-자식'이라는 표현의 경우 초기에는 '-싹'으로, 그리고 연음이 되면서 '-삭기'로, 그리고 강한 표현인 '-새끼' 등으로 변화한 것이다. 그래서 싹은 자식을 의미하며, 서로 다른 세계에서 존재한 이삭이라는 명칭은 같은 어원에서 출발한 단어임에 틀림없다. 또한 아브라함은 우르의 갈데아 사람이라고 성서에서 밝혔듯이 수메르 출신의 유목민인 것은 명확하다.

더욱이 히브리어에서 하나님은 '야훼'이며, 이는 우리가 태백(산)에서 하느님(天神)을 외칠 때 "야호!"라고 하는 것과 동음어로 같은 뿌리의 언어에서 나온 것임을 알 수 있다. 그리고 기원하는 말도 우리의 바라옵건대의 '바라'와 동일한 바라를 사용하고 있으므로 이는 우연의 일치가 아니라 과거의 어떤 시기에 같은 언어를 사용했던 증거의 하나로 보인다.

(3) 유대민족의 성립

종교적인 측면에서 본다면 범신론적 관념을 갖기 쉬운 농경민족에 비해서 유목민족은 획일화되기 쉬운 정신세계를 가지고 있다. 그래서 유목민족은 범신론적 신앙보다 유일신 신앙을 갖게 되는 것이다.

이에 반해서 농경민족은 자연의 변수가 많기 때문에 유일신 사고로는 신앙의 충족이 어렵다. 그래서 고대사회의 농경민족들은 범신론이 일반적이다. 이집트가 태양신을 중심으로 수많은 신을 만들고 섬기는 것과 인도가 힌두신들 외에도 무수히 많은 신을 만들고 섬기는 것, 그리고 그리스가 가이아, 우라노스, 제우스 외의 수많은 신이 필요한 것도 마찬가지이다.

그러나 유대인으로 상징되는 유목민들은 그들에게 영향을 주는 자연현상이 비교적 단순하기 때문에 유일신 신앙으로 접근이 쉽다. 특히 유대인의 믿음의 조상인 아브라함이 수메르의 우르 사람이며, 유목부족의 수장이라는 것으로 보아(우르는 천제신앙을 가진 범신론적 사회임) 근본적 천신사상을 가지고 있는 사람이다. 그리고 이것을 기준으로 그는 범신론에서 여타의 잡신을 배제한 유일 천신사상을 가질 수 있는 조건이 갖추어져 있는 것으로 보인다.

이에 반해서 우리 한민족은 농경 중심의 칸인족의 후손으로 유일신보다는 농사에 영향을 주는 모든 자연신을 숭배할 수밖에 없는 기본적인 요건을 가지고 있다. 그래서 같은 천신신앙이라도 우리는 천·지·인 삼신 사상을 중심으로 하는 범신론적 종교관을 가질 수밖에 없다.

유대인의 유일신사상은 지속적으로 방황하는 유목민족을 한데 묶어주는 역할을 하고, 그것을 통해 신앙의 일괄성을 유지할 수 있었다. 특히 아브라함 이전에도 아담과 이브 그리고 아벨을 죽인 카인이나 노아와 롯과 같은 성서상의 선조가 있었다. 그럼에도 불구하고 굳이 아브라함을 자신들의 믿음의 조상이라고 못 박은 것은 신화 속의 종교에서 벗어나서 현실의 유일신 종교로 이양하는 기점으로 삼으려 한 것으로 보인다.

아브라함 이후 이삭이 야곱을 낳고, 야곱은 요셉을 낳는 과정에서 이삭과 야곱의 세대를 거쳐 진행한다. 그리고 역사적으로 증거가 나타나는 이집트의 요셉으로 유대인의 역사가 이어져서 유대민족의 성립을 증거한다. 그러나 이것은 이집트에 거주하는 유대인의 존재에 대한 증거일 뿐이다. 그래서 지금의 유대민족의 성립은 구체적으로 모세의 출애굽 이후로 보는 것이 타당하다. 그 이유로는 모세의 출애굽에 가장 큰 도움을 준 것이 장인인 캔(메디안) 족장 이드로이다. 그는 태양신 '바알'의 신봉자인 것으로 보아 수메르와 관련이 있는 사람이다. 이와 같이 출애굽 때가 되어서야 비로소 수메르의 캔(칸안)족이 등장한다.

그리고 수메르인이 유대민족의 성립에 결정적인 역할을 했음을 나타내고 있는 것이다.

2) 요셉과 이집트 신왕국

이 단원에서 키워드는 힉소스, 요셉, 아흐모세의 신왕국이며, 이집트에서 유대인들이 지배계층에서 노예로 전락하는 과정이다.

(1) 힉소스(유대)의 이집트 지배

고대사회에서 크게 번영하던 이집트의 중왕국이 쇠퇴하면서 BC 18세기 중엽 팔레스타인에서 힉소스(Hyksos)가 침범해와 이집트를 점령하고 약 150년간(BC 1720년~BC 1570년)을 통치했다고 한다.

힉소스란 명칭은 '이방인의 통치자들'을 의미하는 이집트어로부터 유래되었다. 이들은 여러 민족으로 구성되어 있었으며, 그들 중 대부분은 셈족이지만 다수의 부랑민족들도 포함되어 있는 것으로 전해진다. 그들은 말이 끄는 전차 그리고 석궁과 같은 강력한 무기로 무장하였으며, 이집트가 세력이 약해졌을 때 공격하여 이집트를 정복했다. 이들은 멤피스에서 왕을 세우고 나일 삼각주지역의 아바리스에 수도를 두고 견고한 요새를 세웠다.

이때 성서의 내용과 같이 유대인 요셉이 총리 겸 재정장관이 되어 힉소스의 파라오와 함께 이집트를 통치했으며, 그 후 신왕국을 일으킨 아흐모세 1세(Ahmose 1)에 의해 축출된다. 이 당시 서부 셈계 힉소스족의 상당수가 탈출하였으나 어떤 상황에서인지 상당수의 유대인들은 이집트에 남아있으면서 노예화된 것 같다. 이러한 노예상태는 그 후

400여 년간 계속되고 모세에 의해 해방이 된다.

(2) 요셉과 유태인

성서상의 요셉은 아브라함의 후손으로 이삭의 손자이며 이집트의 재정장관과 총리를 한 것으로 기록되어 있다. 이에 대한 성서상의 내용을 요약하면 요셉은 야곱이 아내 라헬과 사이에서 얻은 야곱(Jacob)의 열한 번째 아들이다. 야곱이 요셉을 노년에 낳아서 다른 아들보다 더 사랑하자 형들의 미움을 받았다. 그러던 중에 "꿈에 우리가 곡식을 묶더니 내 단은 일어서고, 형들의 단은 내 단에게 절한다."고 요셉이 형들에게 이야기를 하여 더욱 미움을 받았다. 그래서 형들이 요셉을 죽이려고 하자 형제인 유다의 권고로 죽이지 않고 상인들에게 팔려가게 되었다. 그러나 야곱도 모르게 이집트로 팔려간 요셉도 여러 가지 역경 속에서도 헤쳐 나와 파라오 왕의 꿈을 해몽해주고 관리로 등용된다.

그 후 요셉은 총리로 발탁되어 기근이 든 이집트를 구원하고 가나안 땅에 있는 가족들을 이끌어 이집트에서 생활한다. 요셉은 110세에 죽어 이집트에 묻혔고, 후에 모세는 유골을 모시고 나와 가나안 땅에 안장한다.

이러한 성서 속의 이야기는 시기적으로 이집트 중왕국 말기 아시아계 셈족인 힉소스 지배시기와 일치되며, 실제로 그 시대의 유물 속에서 요셉인장이 발견된다. 이때의 유대인은 힉소스와 같은 계통의 셈족계열로 분류되며, 요셉이 총리가 되어 이집트를 이끄는 데 아무런 문제가 없는 시기로 여겨진다.

(3) 아흐모세의 정변과 유대인의 박해

이집트의 중왕국 쇠퇴 이후 힉소스족이 이집트를 지배하였으나, 아흐모세 1세에 의해 힉소스족이 이집트에서 축출된 다음, 같은 셈족 계열의 유대인들은 엄청난 박해를 받게 된다. 당시의 상황을 성경의 출애굽기에는 '요셉을 알지 못하는 새 왕이 일어나 애굽을 다스리더니'라고 기록하고 있다.

역사에 의하면 아흐모세 1세의 통치 기간은 26년간이었다고 기록되어 있다. 그리고 그의 아들인 아멘호텝 1세(Amenhotep I, BC 1551년~BC 1524년)는 25년을 통치하였음에도 불구하고 그에 대한 기록이 전혀 남아 있지 않다. 그러나 그의 미라는 1881년 왕실 미라 보관소에서 발견되었다. 그의 뒤를 이은 투트모세 1세(Thutmose I, BC 1524년~BC 1518년)는 선왕 아멘호텝 1세의 아들이 아니었다. 그는 왕의 신임을 받았던 군인이었다. 그는 아흐모세 1세와 네페르타리(Nepertari) 왕비 사이에서 태어난 아흐모세 공주와 결혼하여 아멘호텝 1세의 통치 말기에는 이집트를 공동 통치하면서 왕위 계승권을 이었다. 그리고 투트모세 1세는 약 6년간 이집트를 통치하였다.

그 후 투트모세 1세가 BC 1518년 사망하자 왕권을 계승한 이는 그의 3번째 왕자인 투트모세 2세였다. 그는 선왕과 서열이 낮은 무트네페르트(Mutnefert) 공주 사이에서 난 아들이었는데, 그에 앞서 왕위 계승자였던 두 왕자들이 모두 세상을 떠났기 때문이었다.

이러한 이유 때문에 투트모세 2세는 자신의 지위를 강화하기 위하여 투트모세 1세와 아흐모세 왕비 사이에서 태어난 맏딸이자 배다른 누이인 하셉슈트와 정략적인 결혼을 하였다.

이러한 이집트 신왕국의 초기 왕위계승과정에서 유대인들은 노예로 남아 모세에 의해 출애굽되는 시기까지 약 400년간 심한 박해를 받았던 것으로 여겨진다.

3) 출애굽과 모세

> 출애굽에서 키워드는 모세, 람세스, 카데시 정벌로 이집트의 영토가 확장되는 번영의 시기이다.

(1) 출애굽기와 람세스 2세[22]

출애굽기의 역사적인 사실과 시기는 명확하지 않으나 유대인이 이집트로부터 해방되어 나온 것은 명백한 사실이다. 이러한 출애굽기의 저자는 창세기의 저술과 함께 유대민족을 가나안으로 이끈 지도자 모세이다.

출애굽 당시의 생생한 환경과 기적을 목격하고, 그것을 가장 명확하고 생생하게 기록할 수 있는 지혜를 소유한 자는 이집트의 모든 학술과 지혜에 능통했던 모세이며, 출애

모세

굽기는 이집트에서 속박을 받고 있는 유대인을 어떻게 구원하고 가나안 땅으로 이끌었는지를 기록한 역사이다. 특히 성서에서는 출애굽과 관련하여 10가지 재앙이 일어난 것으로 되어 있으며, 이것에 굴복한 파라오의 결정으로 이집트를 벗어 날 수 있게 된 것으로 되어 있다. 이때의 재앙은 이집트의 여러 신들에 대한 무용론을 주장하기 위한 의미

---

22) 출처 : Daum / 블로그 / 편집

도 가지고 있다.

- **첫 번째 재앙(피재앙)** : 나일강을 비롯한 모든 물이 악취가 나는 피로 변한다. - 나일강의 신 '하피'
- **두 번째 재앙(개구리재앙)** : 개구리가 나일강에서 몰려온다. - 개구리의 여신 '해카'
- **세 번째 재앙(이재앙)** : 온 땅의 티끌이 이로 변했다. - 주술의 신 '토트'
- **내번째 재앙(파리재앙)** : 거대한 파리가 애굽 전역에 날아온다. - 우주의 창조신 '프티'
- **다섯째 재앙(역병재앙)** : 역병으로 가축이 모두 죽었다. - 황소의 신 '아피스'
- **여섯 번째 재앙(독종재앙)** : 화덕의 재가 붙어 악성 종기가 났다. - 치료의 신 '이시스'
- **일곱 번째 재앙(우박 재앙)** : 엄청나게 큰 우박이 떨어진다. - 번개의 신 '레슈푸'
- **여덟 번째 재앙(메뚜기재앙)** : 메뚜기가 우박으로 상한 작물과 남은 곡물을 갉아먹었다. - 곡식의 신 '민'
- **아홉 번째 재앙(흑암재앙)** : 모세가 지팡이를 하늘을 향해 치자, 3일 동안의 흑암이 내려졌다. - 태양신 '라'
- **열 번째 재앙(장자의 죽음재앙)** : 첫 새끼와 첫아들과 딸이 모두 죽었다. - 파라오도 자식의 죽음을 막지 못함.

출애굽기의 사건은 BC 1400년경이냐, BC 1200년경이냐에 따라 당시의 파라오가 아멘호텝이거나 람세스 2세가 될 수 있다. 여기서 아멘호텝의 경우는 유일신인 암몬(태양)신을 숭배하며 당시의 신관들과 갈

등이 있는 파라오이기에 10가지 재앙으로 이집트 신들을 부정할 필요가 없었다. 그렇기 때문에 모세의 출애굽과는 관련이 없어 보인다. 이러한 점을 본다면 람세스 2세가 모세와의 관련성이 크다.

그러나 람세스는 이집트의 파라오 중에 영토를 가장 크게 확장하고 장수하였으며 비교적 역사기록이 명확하다. 그는 14세 때 이미 왕세자로 통치를 시작했으며, 10년 만에 왕위를 이어받고는 66년간을 재위했다.

람세스는 재위기간동안 자신의 기념물을 이집트 사상 전무후무할 정도로 많이 세웠다. 아부심벨 신전, 룩소르 신전, 카르나크 신전의 라메세움 등에 거대한 석상을 세웠으며, 심지어는 이전 왕들의 조각상을 약간 고쳐서 자신의 상으로 변형시키기도 했다. 더불어 그는 테베에서 더 북동쪽에 새로운 수도를 건설하였으며, 그곳을 피람세스(람세스의 집)라고 불렀다.

람세스 2세는 원래 왕족이 아니고 조부가 군인 출신의 비천한 신분에서 왕위에 올랐으며, 게다가 아시아계의 혈통마저 섞였다. 이로 인한 자격지심 때문에 오히려 자신을 신격화하려고 애를 썼다. 람세스는 태양신 '라'와 '태어나다.'는 이집트어 '모세'가 합쳐진 이름이다.

람세스 2세가 즉위하던 무렵 이집트가 당면한 가장 큰 문제는 아시아에서 새로 일어난 히타이트와 맞서는 일이다. 그래서 그는 아시아의 이집트 지배력을 더욱 높이려 했으며, 유대인들을 이용하여 히타이트의 세력을 분산시키려 획책했을 수도 있다. 그래서 유대인의 출애굽은 람세스 2세의 아시아 정책의 일환일 가능성이 크다. 특히 성서의 출애굽기에는 유대인들이 람세스라는 도시를 건설하다가 모세의 인도로 이집트에서 나왔다고 되어 있다.

(2) 모세와 가나안 엑소더스

유대인들이 이집트 신왕국 이후 아시아 쪽으로 축출되거나 노예 상태로 남아있어 핍박을 받고 있었다. 그래서 그들 가운데 가나안에 대한 귀소 본능이 키워지고 무르익어 가는 중이었다.

더불어 이집트의 입장에서는 유대인들이 점점 늘어나 세력화되는 것에 대한 우려가 싹트기 시작했다. 이 때문에 파라오들은 유대인의 처리 문제를 고심하게 된다. 이 과정에서 유대인의 구원자로 모세가 등장하며, 모세는 이름대로 유대인을 이끌어내는 역할을 한다. 이러한 모세의 출생에는 설화가 있다.

이집트가 유대인의 수를 줄이려고 태어나는 아기들을 죽이고자 하는 시절에 유대인의 가정에서 태어나서 강물에 버려지고, 그 강에 목욕 온 이집트 공주에게 발견되어 키워진다. 유아기 때는 아기의 진짜 엄마가 유모가 되어 키웠으며, 성장기에는 윤택하고 부족함이 없는 궁전에서 왕자로 훌륭한 교육을 받고 자라났다.

그러나 모세는 자신이 유대인이라는 것을 한순간도 잊지 않고 있으면서 언젠가는 유대인들을 위해 큰일을 해야겠다고 생각하고 있었다. 그래서 후에 유대인을 이끌고 이집트를 탈출하게 된다.

이렇게 해서 이루어진 출애굽기는 모세가 이집트로부터 유대인을 이끌고 나온 이후 광야에서 생활한 40년 동안의 역사라고 할 수 있다.

가나안 엑소더스의 가장 중요한 원인은 이집트의 람세스 2세의 히타이트에 대한 전략일 수 있다. 그래서 유대인을 가나안지역으로 추방함으로써 히타이트의 전력을 분산시키려는 목적이 있는 것으로 보인다. 특히 가나안은 이집트가 히타이트와 전투를 벌인 카데시보다 이집트쪽에 있었기 때문에 유대인들을 의도적으로 그곳에 주둔시켰을 가능성이 더 크다.

이러한 카데시 전투의 상황을 살펴보면 람세스 2세는 부왕인 세티 1세 때 정복했으나, 히타이트에게 충성을 맹세한 카데시(Qadesh)를 다시 정복하려고 2만 명에 가까운 병력을 동원해 원정을 간다.

람세스 2세의 대군은 동지중 해안을 따라 가나안과 시리아 남부를 지나고, 한 달 만에 베카계곡 남쪽에서 카데시로 접근했다. 그리고 오론테스강을 건널 준비를 하고 있을 때 히타이트가 준 거짓 정보를 그대로 믿고 람세스는 히타이트군보다 먼저 카데시를 점령하기 위해 곧바로 강을 건넜다.

그러나 이를 기다리고 있던 히타이트군의 전차대에 놀란 람세스의 군사들은 허둥지둥 달아났다.

이 과정에서 무와탈리스가 신중을 기하느라고 소수의 전차대로 습격했으나 뜻밖에 이집트의 지원부대가 나타나는 바람에 히타이트군이 초반의 우세를 유지하지 못하고 후퇴할 수밖에 없었다. 그 후 양 군대

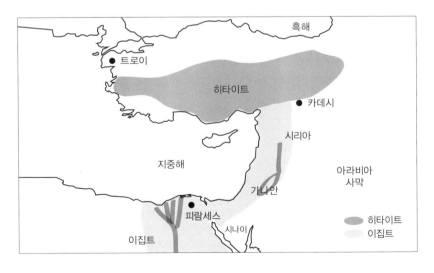

는 오론테스강을 사이에 두고 서로 대치하다가 상대를 이길 능력이 없다고 판단하고 각자 본국으로 돌아갔다.

이 전쟁에서는 이집트와 히타이트 모두 서로가 이겼다고 주장했지만 냉정히 보면 히타이트 쪽의 주장이 더 타당하다. 왜냐하면 카데시를 탈취한다는 이집트의 전쟁 목표가 좌절되었으며, 이 전쟁 후에 이집트의 아시아 도시들의 지배력도 약화되었기 때문이다.

카데시 전투 후 16년 만에 히타이트의 사절들이 피람세스를 방문하여 람세스와 강화조약을 체결하는 것으로 전쟁은 귀결된다.

(3) 캔부족과 이드로

모세의 장인이며 미디안의 제사장인 이드로에게 하나님께서 모세와 자신의 백성 이스라엘을 위하여 행하신 모든 일 곧 주께서 이스라엘을 이집트에서 데리고 나오신 일에 관하여 들으니라. 그때에 모세의 장인 이드로가 모세가 전에 돌려보낸 그의 아내 십보라와 그녀의 두 아들을 데리고 왔는데 그 중 하나의 이름은 게르솜이더라. 이는 모세가 이르기를, 내가 타국에서 외국인이 되었도다 하였기 때문이더라. 다른 하나의 이름은 엘리에셀이니 이는 그가 이르기를 내 아버지의 하나님께서 나의 도움이 되사 파라오의 칼에서 나를 건지셨도다 하였기 때문이더라. 모세의 장인 이드로가 그의 아들들과 그의 아내와 함께 광야에 있던 모세에게 이르니 거기는 모세가 하나님의 산에서 진을 친 곳이더라. 그가 모세에게 이르되, 그대의 장인 나 이드로가 그대의 아내와 또 그녀와 함께한 두 아들을 데리고 그대에게 왔노라 하니라. 모세가 나가서 자기 장인을 맞아 경의를 표하고 그에게 입 맞춘 뒤에 그들이 서로 잘 지내는지 묻고 장막에 들어가니라. 모세가 주께서 이스라엘을 위하여 파라오와 이집트 사람들에게 행하신 모든 일과 길에서 자기들에게 임한 모든 고난과 또 주께서 자기들을 건져 내신 일을 자기 장인에게 고하매 이드로가 주께서 이스라엘을 이집트 사람들의 손에서 건져 내시려고 베푼 모든 선하심으로 인하여 기뻐하며 이르되 주를 찬송하리로다. 그분께서 너희를 이집트 사람들의 손에서와 파라오의 손에서 건져 내시고 백성을 이집트 사람들의 손 밑에서 건져 내셨도다. 이제 내가 주께서 모든 신들보다 크심을 아노니 그분께서는 그들이 교만하게 행한 일에서 그들 위에 계셨도다 하고 모세의 장인 이드로가 하나님을 위하여 번제 헌물과 희생물을 취하매 아론과 이스라엘의 모든 장로가 와서 모세의 장인과 함께 하나님 앞에서 빵을 먹으니라.

이드로는 출애굽기에 나오는 모세의 장인으로 모세에게 유일신 신앙을 가르치고 유대인을 교화한 사람이다. 다만 그의 신앙이 바알(태양)신으로 유대교의 하나님 유일신 신앙과는 다소 다르다. 또한 '바알'이란 우리의 '밝은'과 유사한 언어로 태양을 지칭하는 것이며, 그리스의 '발칸'반도와 '불가리아' 등도 같은 언어체계에서 나온 것으로 보인다.

이드로의 캔부족이 수메르의 칸인족일 가능성이 크다. 왜냐하면 그 당시 나타난 그들의 신앙체계가 태양신을 숭배하는 경향이고, 전 세계에 퍼진 태양신 신앙의 주체가 칸인족이기 때문이다.

4. 그리스신화와 에게해문명

그리스신화에서는 수메르문명이 그리스 본토에 전래되어 가는 과정이 나타나 있다. 즉, 신화 속에서 최고신의 지위가 우라노스(우르)에서 크로노스(크레타섬)로, 그리고 제우스로 넘어가는 것이 미노아문명에서 미케네문명으로, 그리고 본토의 도시국가로 전파해가는 것과 같다.

1) 그리스신화

> 그리스신화의 키워드는 가이아, 우라노스, 크로노스, 제우스와 타이탄족이며, 이들 간의 왕위 쟁탈전이 고대문명의 전파에 대한 상징적인 표현이다.

(1) 그리스신화의 개관

아주 먼 옛날에 세계가 하늘과 땅과 바다로 갈라지기 전에는 온 세상이 카오스라는 혼돈 속에 있었다. 이 카오스 속에서 대지의 여신인 가이아가 태어났다. 가이아는 하늘의 신인 우라노스와 바다의 신인 폰토스를 낳았다.

우라노스

가이아는 우라노스와 결혼을 하여 아들 여섯과 딸 여섯을 낳았으며, 이들이 타이탄들로서 어마어마한 체격을 소유한 신들이었다.

그 후 가이아는 자식 셋을 더 낳았는데 카클로프스라는 외눈의 거대한 몸집의 신들이다. 그리고 또 세 명의 신을 낳았는데 머리 50개에 팔이 100개가 달려 있는 헤카톤케이르들이었다. 이들은 모두 태풍, 벼락, 지진, 화산 등과 같은 대자연의 힘을 상징하는 신들이다.

이러한 괴물들을 낳자 우라노스는 가이아에게 화를 냈다. 그래서 우라노스는 이 괴물들을 타르타로스라는 땅속의 가장 깊은 지하세계에 가두어 버렸다. 이것을 보고 가이아가 화를 내고 큰 낫을 만들어

비너스상

타이탄들에게 우라노스를 죽일 것을 종용했다. 타이탄 중에 가장 힘이 센 크로노스가 아버지를 죽이기로 하고 낫을 휘둘러 음경을 잘라버리자 우라노스는 급소를 움켜쥐고 어디론가 사라져버렸다.

이때 땅에 떨어진 피에서 에리니스라는 복수의 여신이 태어났다.

그리고 기가스라는 자이언트족이 태어났다. 또한 잘린 음경은 바다에 떨어져서 물거품이 되고, 그 속에서 미의 여신인 비너스가 탄생하였다. 우라노스가 사라지자 가이아는 바다의 신인 폰토스와 결혼하여 자식을 낳았는데 그들도 괴물로 그라이아이와 고르곤이라는 여섯 자매를 낳았는데, 고르곤의 막내가 메두사이다.

크로노스는 신들의 세계를 지배하고 타르타로스의 동생들을 구해주었으나 동생들이 반항을 하자, 다시 타르타로스에 가두었다. 이 때문에 가이아가 반발하여 크로노스가 자식에게 축출당할 것을 저주했다. 이 때문에 레아와 결혼을 한 후

크로노스

크로노스는 자식을 낳는 대로 삼켜버렸다. 이렇게 삼킨 자식은 모두 다섯이며, 그들은 각각 딸 헤스티아, 데미테르, 헤라, 아들 하데스와 포세이돈이다.

그러나 여섯째인 제우스는, 가이아가 크로노스 몰래 크레타섬의 깊은 동굴에 감추어 두고 요정들에 의해 키워져 성장을 했다. 성장 후에 제우스는 크로노스의 뱃속에 있는 형제들을 구해내고 그들과 힘을 합쳐서 크로노스를 물리쳤다. 그리고 그들은 제우스를 신들의 우두머리로 삼고 타이탄이 차지하고 있던 신들의 자리를 모두 빼앗아 차지했다. 포세이돈은 바다, 하데스는 지하의 세계를 지배하는 신으로, 그리고 다른 신에게도 크고 작은 권력을 나누어 주었다. 그러자 타이탄들이 반발하여 오트류스산에 본부를 두고 싸움을 걸어 왔으며, 제우스의 편은 올림포스산에 진지를 구축하고 전쟁을 하게 되었다. 십년간의 오랜 전쟁 동안 승부를 못 내다가 카를로프스가 만들어준 무기로 제우스가 이겨 드디어는 타이탄을 몰아내고 제우스를 중심으로 12신이 지배하는 세상이 되었다.

(2) 그리스의 신들[23)]

그리스의 신화에 나오는 주요한 신들은 다음과 같다.

① **제우스(주피터)** : 크로노스의 자식 6명의 형제 중에서 막내이지만 올림포스신 중에서 최고의 신이다. 아버지 크로노스를 왕좌에서 몰아내고, 다른 타이탄족과 싸워 왕위를 거머쥐었다. 천둥을 무기로 하는 만능 신으로 바람기가 많았다. (떡갈나무, 독수리, 크레타섬)

② **하데스(프루토스)** : 제우스의 형으로 지하와 죽은 자의 신이다.

---

23) 출처 : Daum / 지식

올림포스(하늘세계)의 신들과 비교되는 하데스(지
하세계)의 신으로 냉혹하고 비정한 반면, 엄격하
면서 공정하기도 하다. 그가 유일하게 사랑한 것
이 봄의 여신 페르세포네이다. 검은 말의 전차를
타고 그녀를 약탈해 왔다. (삼나무, 검은 양)

제우스

③ **포세이돈(넵튠)** : 제우스의 형으로 바다와
하천, 샘의 신이면서 지진의 신이기도 하다. 말도
발명했기 때문에 경마의 수호신도 되고 있다. 얼
핏 보면 조용하게 보이지만 성질이 급하고 화를
잘 낸다. 항상 삼지창을 들고 있다. (소나무, 말,
코린토스, 로도스섬)

④ **헤라(주노)** : 제우스의 본처로 질투심이 아
주 많은 것으로 유명하다. 헤라는 결혼, 출산, 육
아의 신으로 주부와 가정생활의 수호신으로서 숭
배를 받았다. (석류나무, 공작, 아르고스, 사모스
섬, 크레타섬)

포세이돈

⑤ **데메테르(케레스)** : 제우스의 누나로 대지의
신이다. 식물과 곡물, 풍요와 수확의 여신으로 풍
작과 흉작은 그녀의 기분대로 정해졌다. 자주 보
리 이삭을 든 모습으로 나타난다. 제우스와 정을 통하여 봄의 여신인
페르세포네를 낳았다. (보리, 엘레프시스)

⑥ **헤스티아(베스타)** : 제우스 형제 중에서 장녀이며 화로의 신이다.
모든 고아와 미아들의 어머니로 각 가정이나 각 마을에는 그녀를 위한
제단이 있고, 항상 불을 밝혀 두었다고 한다. 12신 가운데 가장 성스

러운 신으로서 민중의 숭배를 받았다. 온화하고 자비롭다.

⑦ **아테나(미네르바 : 제우스와 헤라의 딸)** : 제우스가 가장 사랑한 자식으로 아버지로부터 방패와 천둥을 선물 받았으며, 지혜와 순결의 여신이면서 직물과 공예의 신이기도 하다. 항상 갑옷과 투구로 몸을 감싸고, 손에는 창과 고르곤의 머리가 새겨진 방패를 들고 다닌다. 머리는 좋지만 호전적이다. (올리브, 떡갈나무, 올빼미)

⑧ **헤파이스토스(벌칸 : 제우스와 헤라의 아들)** : 불과 대장장이의 신인데 모습이 추하고 다리를 절고 있다. 손에는 쇠망치와 집게를 들고 있다. 손재주가 좋아서 신들의 무기, 여신들의 장신구, 궁전 등 모든 것을 만들었다. 아주 부지런하고 검소하다. 아내인 아프로디테의 바람기 때문에 많은 고민을 한다. (림노스섬, 시실리아섬)

⑨ **아레스(마르스 : 제우스와 헤라의 아들)** : 싸움의 신으로 매우 사납고 유혈을 좋아해서 신과 인간에게 모두 미움을 받았다. 그가 데리고 다니는 사람 중에 '공포', '패주', '전쟁'이 있다. 잔인하고 사려가 깊지 않다. 아프로디테와의 불륜으로 태어난 것이 하르모니아 '화해'이다. (독수리, 트라키지방)

⑩ **아폴론(아폴로 : 제우스와 레토의 아들)** : 태양의 신으로 지성, 학문, 예언 신탁, 음악, 의술, 궁술, 시, 예술, 변론 등 다방면의 수호신이다. 하프와 활을 들고 다닌다. 스포츠도 만능이다. 그러나 실연만 당한다. (월계수, 백조, 델포이, 딜로스섬, 로도스섬)

⑪ **아르테미스(다이아나 : 제우스와 레토의 딸)** : 아폴론과 쌍둥이 남매인 여신이자 달의 신으로 수렵과 산야의 신이기도 하다. 결벽증의 처녀신이며, 항상 활과 화살통을 가지고 다닌다. 남성을 싫어하고 집념이 강한 성격으로 냉혹하고 고고하다.

⑫ **헤르메스(머큐리 : 제우스와 마이아의 아들)** : 신들의 사자로 여행객의 수호신이다. 상업, 도박, 경기의 신으로 머리 회전이 빠른 책략가이기도 하다. 하프, 수학, 운동경기의 발명가라고도 한다. 두 마리의 뱀이 감고 있는 지팡이와 깃털 달린 모자를 쓰고 샌들을 신고 다닌다. 머리가 뛰어나게 좋고 사교성도 좋다.

⑬ **아프로디테(비너스)** : 미와 사랑의 여신으로 육체적 욕망과 매춘의 여신이고 창녀의 보호 신이다. 우아하고 아름답다. 나체 모습이 많다. 연애 감정을 불러일으키는 화살을 가진 자식 에로스를 항상 데리고 다닌다. (장미, 백조, 코린토스, 키프로스섬)

⑭ **디오니소스(바카스 : 제우스와 세멜레의 아들)** : 포도와 포도주의 신이면서 연극의 신이다. 머리에는 담쟁이 넝쿨로 된 관이나 포도넝쿨을 쓰고 있으며, 표범이나 아기사슴의 가죽을 입고 있는 신이다. 12신에는 나중에 추가되었다. (포도, 표범, 이집트, 시리아, 페니키아, 그리스 전지역)

2) 우라노스와 미노아문명[24)]

> 미노아문명의 키워드는 우라노스, 우르, 크레타, 미노사우로스, 소머리이며, 수메르문명이 크레타섬으로 전파되는 과정이다.

미노아문명은 지중해 크레타섬에서 번성한 청동기문명으로, 미노아라는 이름은 그리스신화에 나오는 크레타의 왕 미노스에서 유래한 것이다.

---

24) 출처 : Daum / 블로그 / 편집

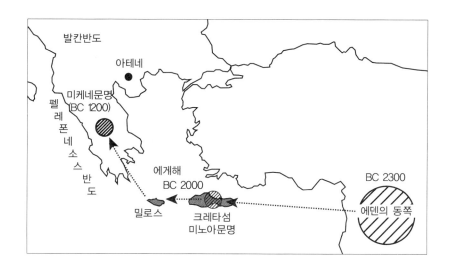

이 문명은 BC 2000년경~BC 1400년경까지 강력한 국가를 형성하고 유지했으며, 그 중심지는 크노소스였다. 현재에도 당시 궁전과 건축물들의 유적이 여러 군데 남아 있으며 고대 지중해의 유적 가운데 매우 발달된 건축술을 가지고 있다. 특히 미노아문명시대에 만든 도자기들은 지중해 동부 전역에서 발견된다. 그리스신화에 등장하는 우두인 신(소머리에 인간의 몸)은 미노아문명의 여러 예술품에 가장 널리 쓰인 소재이며 크노소스궁전 벽의 채색 프레스코에도 그려져 있다. 신화 속의 소머리는 수메르를 상징하는 것으로 미노아문명이 수메르와의 연관성을 잘 나타내고 있다. 특히 천왕인 우라노스의 경우는 그 용어 자체가 우르와의 직접적인 관련성을 의미하고 있다.

(1) 우라노스 출생과 미노아문명[25]

가이아(여신)의 자식인 우라노스는 명칭에서 나타나듯 우르의 도시

---

25) 출처 : Daum / 블로그

출신임을 시사한다. 즉, BC 2300년
경에 수메르인이 사르곤에 의해 우르
에서 축출당한 후 티그리스강 동쪽
에서 사방으로 흩어졌다. 그 중에서
서북쪽으로 출발한 수메르인의 일부
가 지중해를 건너와 크레타섬에 도착
한다. 그리고 그들이 토착민족과 융
합하여 미노아문명을 이루었다. 그
후에 그곳을 거점으로 지중해를 지
배해나가는 일련의 과정이 신화를 통
해 나타난다. 이렇게 성립한 크레타

크노소스궁전의 알현실

섬의 미노아문명은 그 중심지가 크노소스이며, 그곳은 신화 속의 미노
스왕의 수도였다. 크노소스는 크레타섬 북쪽 해안에서 8km쯤 떨어진
곳에 위치해 있으며 방어하기 좋은 구릉에 위치해 있다.

크노소스궁전의 벽화

크레타섬의 미노아문명

크노소스의 초기 정착민들은 BC 6000년경에 아나톨리아에서 크레
타섬으로 건너온 사람들이다. 그들은 주로 밀 경작과 목축에 바탕을
둔 정착 농경민이었다. 이후 BC 2000년경에 수메르인들이 청동기를
가지고 들어와 혼합되었으며, BC 1600~BC 1400년경에는 미노아문명

의 전성기를 이루었다. 그리고 그들은 당시 교역의 주도권을 가지고 에게해를 지배하였으며 청동기시대 문화의 중심지였다. 이 시기에는 화려하고 세련되며 미궁이라고 할 만큼 복잡한 궁전을 건축했으며 유약을 바른 도기와 조각된 문장 및 금을 세공한 장신구를 만들어 사용했다. 초기 사용된 문자는 상형문자로 후에 선형A 문자가 사용되었으나 지금은 전해지지 않는다. BC 1700년경에 산토리노섬에서 화산 폭발이 일어나고 그로 인해 발생된 큰 지진으로 크노소스의 대부분이 파괴되었다. 그 후 궁전은 재건되었으며, 나중에 만들어진 궁전은 지금도 남아있다. 궁전의 주요 부분은 몇 구역으로 나누어져 있으며, 그 중 행정과 의식이 거행되던 구역은 안뜰 서쪽에 있다. 그리고 왕의 접견실에는 좁은 지하실을 두고, 이 지하실에는 밀과 기름 및 보물을 저장하였다. 궁전에는 정교한 배수로와 수도관이 설치되어 있으며, 도시 전체는 포장도로로 다른 도시 및 항구와 이어져 있었다. 이러한 미노아문명의 유적 중에 주목할 만한 것은 소머리(미노타우로스)와의 관련성이다. 소머리는 수메르의 상징으로 고대문명사회 여러 곳에서 나타난다. 또한 그리스신화에서 미궁 속에 갇힌 미노타우로스를 테세우스가 죽이는 것도 미케네의 침입으로 초기 미노아문명을 이룬 수메르인의 퇴출을 상징하는 의미로 보인다.

(2) 타이탄족의 반발

타이탄족은 미노아문명의 지배하에 있는 에게해의 여러 도시형 국가를 상징한다. 그리고 그 중심에는 미케네가 있다. 이것은 그리스문명이 반도 중심으로 이전될 때 펠로폰네소스반도 내의 미케네가 문명을 주도한다는 것을 의미한다. 이때의 미케네는 신화 속의 크로노스로 지칭된다. 이것은 앞서의 우라노스가 우르 출신임을 의미하는 바와 같이 크로노스가 크레타섬 출신이라는 의미가 내포되어 있다. 즉, 크로노스가 우라노스를 죽인다는 것은 우라노스의 미노아문명을 축출하고 크로노스의 미케네가 그리스를 지배한다는 것을 나타내는 신화적인 표현이다.

BC 1580년경 미노아문명은 그리스 본토로 차츰 이전된다. 그리고 그리스 본토에서는 이전된 문명이 더욱 발전하여 미케네문명으로 전환된다. BC 15세기가 되자 이번에는 미케네인들이 크노소스에 대한 지배력을 강화시키고 크노소스의 문자도 미케네 문자로 바꾸었다. 이 시기에는 크노소스를 다스린 미케네 통치자들이 크레타섬의 대부분을 지배했다. BC 1400년경 이후에 큰 지진과 화재가 일어나, 크노소스의 화려한 궁전이 불타버렸다. 그리고 주변의 다른 지역에서도 화재가 많이 일어나 많은 부락이 폐허가 되었다. 그 후 크노소스는 작은 도시로 전락했고, 고대 그리스문명의 정치적 중심지는 그리스 본토의 미케네로 바뀌었다. 그 후에도 크노소스에는 몇 세기 동안 계속 사람들이 살았지만, 다시는 문명이 되살아나지 못했다.

(3) 우라노스 축출과 비너스의 탄생

우라노스의 축출이 미노아문명의 멸망을 의미한다면 비너스의 탄생 또한 역사적인 의미를 가지고 있다. 신화 속에서 비너스는 우라노스의 성기가 바다에 떨어져서 태어난 것으로 표현되어 있다. 이것은 비너스의 조각상이 발견된 곳이 밀로스섬이라는 것과 관련이 있다. 즉, 밀로스섬의 위치가 크레타섬과 펠로폰네소스반도로 이어지는 중간지점에 있는 것으로 보아 밀로스섬이 미노아문명에서 미케네문명으로 이어지는 중간 역할을 한 것을 상징적으로 나타낸 것이다.

또한 신화 속에서 우라노스는 성기가 잘리어 죽음을 당한 것으로 되어 있다. 이것은 성기로 지칭되는 밀로스섬이 미노아연맹에서 이탈한 것이 미노아문명의 멸망에 결정적인 역할을 했다는 의미가 된다.

(4) 미노스의 신화[26)]

크레타섬의 신화에서 가장 중요한 인물은 미노스와 미노타우로스이다. 이러한 미노스와 미노타우로스의 신화 속의 역할을 살펴보자.

① 미노스(Minos)

미노스는 크레타섬의 전설적인 지배자이다. 신들의 왕인 제우스와 유럽 대륙의 화신 에우로파 사이에서 태어난 아들로 그리스 신 포세이돈의 도움으로 크레타섬의 왕좌를 얻었다. 그는 크노소스(또는 고르틴)로부터 에게해 섬들에 대한 통치권을 얻어 많은 섬들을 식민지로 만들고 해적을 없앴다. 헬리오스의 딸인 파시파이와 결혼하여 안드로게오스, 아리아드네, 파이드라 등의 자식을 두었는데, 파시파이는 미노타우로스의 어머니이기도 하다.

미노스는 아들 안드로게오스가 아테네인들에게 죽음을 당하자 배상을 받기 위해 아테네와 메가라를 상대로 전쟁을 일으켜 승리했다. 아테네의 희곡과 전설에서 미노스왕은 어린이들을 공물로 바치게 하여 미노타우로스에게 먹이는 포악한 인물로 나온다. 시칠리아에서 목욕을 하던 미노스에게 코칼루스왕의 딸이 끓는 물을 부어 죽게 한다. 사후에는 하데스(죽은 사람의 혼령이 산다는 지하세계)의 재판관이 되었다.

---

26) 출처 : Naver / 브리태니커

아테네인들은 전통적으로 미노스에 대해 적대적인 감정을 지니고 있었다. 그렇지만 일반적으로 미노스를 강력하고 공정한 통치자이며 종교나 의식과 밀접히 관련된 존재로 보았다. 크레타섬의 유적 발굴에 비추어 많은 학자들은 미노스가 청동기시대 또는 미노스문명기에 크노소스의 사제 통치자들을 지칭하는 왕 또는 왕가의 이름이었을 것으로 보고 있다.

② **미노타우로스(Minotauros)**

미노타우로스는 '미노스의 황소'라는 의미를 가지고 있다. 그리스신화의 반은 사람이고 반은 소인 크레타의 전설적인 괴물로 해신인 포세이돈이 제물로 쓰라고 눈처럼 흰 황소를 보내왔으나, 미노스가 약속을 지키지 않고 황소를 살려두었다. 그러자 포세이돈은 그 벌로 왕비 파시파이를 이 황소와 사랑에 빠지게 했다. 그 결과 괴물 미노타우로스가 태어났다.

미노타우로스

미노스왕은 미노타우로스를 가두기 위해 다이달로스에게 라비린토스(미궁)를 짓게 했다. 그 뒤 미노스의 아들 안드로게오스가 아테네인들에게 죽임을 당하자, 미노스는 그에 대한 복수로 해마다 아테네의 소년 7명과 소녀 7명을 공물로 바치게 하여 미노타우로스가 잡아먹도록 했다. 3번째 제물이 바쳐질 때 아테네의 영웅 테세우스가 스스로 나서서 미노스와 파시파이 사이에서 난 딸 아리아드네의 도움을 얻어 이 괴물을 죽였다.

이러한 신화 속의 의미는 미노아문명의 탄생과 멸망을 상징적으로 나타낸 것으로 보인다. 즉, 신화는 초기 미노아문명이 토착민(미노스의 왕비)들과 수메르인(흰 황소)과의 혼합되는 과정을 나타내고 있으며, 특히 해신 포세이돈의 재물이라는 것은 바다를 통해 크레타섬으로 들어온 것을 의미한다. 또한 반수반인(미노타우로스)은 두 민족 간의 결합으로 우리의 환웅과 웅녀의 결혼과 유사한 신화의 산물이다.

3) 크로노스와 미케네문명[27]

> 미케네문명의 키워드는 크로노스, 타이탄족, 트로이, 제우스로 표현되는 도리아족의 침입이다.

미케네문명은 초기 BC 2000년경에 지금의 펠로폰네소스반도 남단에 정착하며 살던 선주민들이 미노아문명의 영향을 받아 시작되었다. 그들은 BC 16세기 초 에게해의 여러 섬에 몇 개의 노예 국가를 세운다. 그러한 노예 국가 중에서는 가장 강력했던 도시인 미케네를 중심으로 발달하기 시작하였다.

미케네에서 발굴된 다량의 점토 문서는 주로 BC 13세기에 만들어진 것으로, 적게는 3~4개에서 많게는 100여 개에 이르는 것인데 간단하고 짧은 선형문자들로 이루어졌다. 이 문서에는 당시 미케네의 인구 규모는 물론이고 농축산품, 토지, 무기 등의 산업이 발달되어 이미 강력한 고대국가로 노예제가 성숙한 단계에 이르렀다는 사실과 평민들 사이에 빈부의 격차가 상당히 심각한 상황이었던 것을 알 수 있게 한다.

미케네의 왕이 거주하던 왕궁은 성곽이 거대한 돌로 산을 에워싸듯

---

27) 출처 : Daum / 지식

세웠으며, 두께는 5미터에 달하고 높이는 8미터의 성벽으로 전면에는 웅장한 사자문이 서 있다. 그리고 이 미케네왕궁의 사자문은 한 개의 기둥을 중심으로 두 마리의 사자 모양의 동물이 부조된 거대한 돌문으로 미케네의 힘과 예술미의 상징으로 평가받는다.

성내에는 호화로운 왕궁의 자취가 고스란히 남아있다. 성벽의 아래에는 부유한 상인과 시민들이, 그리고 수공업자들이 살았던 넓은 시가지가 위치하고 있다. 이처럼 미케네유적에서는 매우 정교하고 아름다운 수공예품과 청동으로 만든 무기, 금제품, 도기와 전쟁 장면을 그린 벽화 등이 출토되었다.

미케네문명은 BC 1400년 이후에 100여 년 동안 융성했으며, 문명의 중심지와 지중해의 연안 도시들은 상업적으로 빈번하게 교류를 했던 것으로 밝혀졌다. 이런 무역을 통해 미케네문명은 급속히 해외의 선진 문명을 받아들여 발전하게 된다. 그러나 그리스가 트로이와의 전쟁에서 승리를 했어도 미케네의 국력이 오히려 약해져서 북방민족의 침범에 속수무책이 되고 만다. 이들은 차례로 남하하여 궁을 공격하고 노략질을 일삼으면서 미케네는 쇠퇴의 길로 접어들고 만다.

이후 미케네를 멸망으로 이끈 가장 결정적인 주인공은 바로 북방 민족 중의 하나인 도리아인의 침입이다. 트로이전쟁 전부터 북방의 유목민족들이 서서히 남하하기 시작하면서 미케네문명의 세력을 침범해 위협하였다. 특히 북방민족 중에 도리아족은 이피로스로부터 로도스 등의 미케네에 속한 부속 섬들을 침입, 점령하였다.

BC 13세기 후반부터 많은 도시들이 황폐해지기 시작했다. 그래서 BC 12세기에는 미케네에 속한 거주지가 300개 이상이었던 것이 BC 11세기에는 고작 40여 개만 남았다고 한다. 그 후 미케네문명은 점차 쇠퇴하였고, 결국 내부 반란과 이민족의 침입으로 무너졌다. 이러한 미케네의 멸망이 내부반란과 이민족의 침입에 의한 것이라는 점도 신화 속에 잘 나타나 있다. 신화 속에는 제우스(이민족인 도리아족)와 크로노스를 배반한 타이탄(내부 반란자 집단)의 연합에 의해 수십 차례의 싸움 끝에 크로노스가 패배하는 것으로 표현되어 있다.

(1) 크로노스와 미케네문명

크로노스는 크레타섬에서 온 것이라는 의미이다. 미노아문명이 수메르의 영향에 의해 만들어진 것이라면 최초의 그리스인이 건설한 문명은 바로 미케네문명이다. 미케네문명은 평화적인 크레타문명과는 달리 호전적인 기풍을 지닌 전사적인 성격이 두드러지게 나타난다. 당시 그리스인들은 BC 1400년경의 크레타 정복, BC 1300년 중엽의 트로이 공격으로 미루어 알 수 있듯이 동부 지중해의 중심으로 성장했다. 미케네문명은 BC 1700년~BC 1400년까지 전성기를 누렸으나, BC 1100년경부터 쇠퇴하여 결국 도리아족에게 멸망했다. 이후의 약 300년 동안을 그리스 역사에서는 암흑기라고 불려진다.

(2) 미케네의 해상활동

미케네의 발전과정은 그리스의 신화에서도 잘 나타나있다. 특히 지중해와 흑해를 넘나드는 영웅담이 많은 것도 이러한 경향의 요인이다. 이러한 영웅담의 대표적인 것은 '아르고호의 모험'으로 이아손과 50인의 영웅이 험한 바닷길을 헤치고 머나먼 곳을 찾아가 황금양털을 구해온다는 내용이다. 이것은 그 당시의 그리스가 바다를 통해 해양무역을 주도했다는 것을 잘 보여준다. 그 내용은 다음과 같다.

먼 옛날 신들의 자손이 살고 있었으며, 그 이름을 이아손이라고 불렀다. 그의 아버지는 테살리아의 이올코스왕국의 왕이었다. 그 왕에게는 이복형제인 펠리아스가 있었으며, 그가 왕위를 빼앗으면서 이아손이 크면 왕의 자리를 물려주겠다고 했다. 이아손의 아버지는 오히려 펠리아스가 이아손을 죽일까봐 이아손을 윗몸은 인간이고 아랫몸은 말인 켄타우로스족의 케이론에게 맡겨서 숨겨서 키웠다. 이아손은 케이론에게 엄격한 교육을 받으며 자라났고, 청년이 되자 케이론은 이아손에게 왕의 자리를 되찾으라고 했으며, 이아손은 고국으로 향하였다. 이아손은 강을 건너려다 신발 한 짝을 잃어버리고 펠리아스왕에게 찾아갔다. 신탁에 신발을 한 짝만 신은 청년을 조심하라는 예언이 있었는데 이아손을 보고는 왕이 깜짝 놀라고 말았다. 이아손은 자신이 누군지 밝히고 왕의 자리를 요구했다. 그러자 펠리아스는 조카인 이아손에게 왕위를 양위하는 조건으로 오래 전에 사라진 황금양털을 가져오라고 요구한다. 이에 이아손은 아르고호를 만들고 원정대를 모집하였다. 그리고 이 원정대는 이아손과 50여 인의 영웅이 모여 같이 모험을 떠나기로 한다. 이 원정대에 참여한 영웅은 아틀란타, 카스토르, 폴리데우케스 형제, 이다스, 린케우스 형제, 나우플리우스 그리고 헤라클레스 등이다. 이들 일행은 렘노스섬을 거쳐 심플가데스를 지나 아마존 여전사들과 전투를 벌이는 어려운 여정을 거쳐 드디어 콜키스에 도착한다. 그곳에서 이아손은 콜키스의 왕인 아에이테스의 시험을 받게 되지만, 공주 메데아의 도움으로 무사히 통과한다. 그러나 왕은 약속을 지키려 하지 않아 이아손과 그 일행은 황금양털을 훔쳐서 배에 올라타고 콜키스를 탈출한다. 그리고 크레타를 거쳐 고국에 돌아오고, 그들의 원정은 끝난다. 콜키스는 지금의 흑해 연안으로 코카서

스지방이다. 이곳에서는 사금을 채취할 때 금을 모래와 구분하기 위해 하얀 양털 위에서 분류한다. 이것이 황금양털의 전설을 만든 것일 가능성이 크다.

(3) 트로이전쟁과 해양 주도권

《일리아드(Iliad)와 오디세이아(Odyssey)》는 트로이전쟁을 중심으로 엮은 그리스의 신화이다. 트로이전쟁은 아르고호의 원정대 아들 시대에 일어난 사건으로, 펠레우스의 아들 아킬레스와 오일레우스의 아들 아이아스 그리고 라에르테스의 아들 오디세이 등이 참전을 했으며, 그리스의 승리로 끝났다. 이 전쟁은 트로이의 왕자 파리스가 스파르타(미케네)의 왕비 헬레네를 유혹하여 트로이로 데려가는 것에서 시작되었다. 그러자 전 그리스 국가들이 이에 분개해 아가멤논을 총사령관으로 하여 트로이를 공격하게 된다. 트로이와 그리스간의 전쟁은 무려 10년을 끌고 양 진영의 무수한 영웅들이 죽었으며, 결국 오디세이의 지혜로 그리스 병사들을 목마에 숨기고 트로이 성으로 들어가게 하여 트로이를 함락시킨다. 그 후 오디세이가 고향으로 돌아오는 과정에서 겪는 갖가지의 경험을 호머가 《일리아드와 오디세이아》라는 서사시로 남긴 것이다.

여기서 트로이는 에게해에서 흑해로 들어가는 초입에 있는 항구도시로 히타이트에 인접한 도시국가이다. 전설 속에는 왕비 헬레네를 되찾기 위해 싸웠다고 하나, 이것은 해상의 주도권을 놓고 싸운 도시국가간의 전쟁이다. 특히 전 그리스가 전력을 다해 싸워서 간신히 이긴 것으로 보아 이 전쟁은 단지 트로이라는 도시와의 싸움이 아니고 트로이를 대표로 하는 히타이트와의 싸움일 가능성이 크다. 그리고 일리야

드에 사는 스파르타라고 표현했으나 트로이와 전쟁 시기는 스파르타가 아닌 미케네일 가능성이 크다. 왜냐하면 스파르타는 시기적으로 한참 뒤에 생겨난 도시국가이고 그 위치는 미케네와 같은 지역인 펠로폰네소스반도 내에 있기 때문에 생긴 혼동일 것이다.

(4) 크로노스의 축출과 제우스의 등극

도리아족은 고대 그리스인의 한 종족으로 BC 12세기 무렵에 그리스반도로 남하하여 미케네문명을 파괴하고 스파르타, 코린트 등의 도시국가를 건설했다. 이들은 건축, 도기, 조각 등에 뛰어났으며 후기 그리스문명 형성에 크게 기여하였다.

그들의 전통 또는 풍습을 도리아양식(Doric Style)이라 불렀으며, 이오니아양식, 코린트양식과 함께 그리스의 건축양식에서 3대 주범(기둥양식)이라 불린다.

신화 속에는 제우스가 크로노스를 축출하고 신들의 제왕에 등극하여 타이탄이 차지하고 있던 신들의 자리를 모두 빼앗아 차지했다. 포세이돈은 바다, 하데스는 지하의 세계를 지배하는 신으로, 그리고 다른 신에게도 크고 작은 권력을 나누어주었다. 이러한 내용은 BC 1100년경에 도리아족이 남하하여 미케네문명과 주도권을 갖고자 하는 싸움에서 결국 도리아인들이 이겨서 미케네문명이 소멸하게 되는 것을 표현한 것이다.

그리고 신들이 권력을 나눈다는 것은 미케네가 지배하고 있었던 지역들을 도리아족과 북방민족들이 나누어 점령한 것을 상징적으로 나타난다.

4) 제우스와 도시국가의 성립

키워드는 제우스, 12신, 암흑기이며, 그리스에 도시국가가 성립되고 그리스문명의 꽃을 피우는 시대가 시작되는 것이 요점이다.

그리스 북방의 야만족인 도리아족의 침입은 BC 1100년경에 일어났으며, 이로 인해 펠로폰네소스반도의 미케네문명은 종말을 고하게 되었다. 이에 대한 신화의 내용은 제우스와 그의 형제, 자매 그리고 크로노스를 반대하는 타이탄족의 연합에 의한 지배자 크로노스와의 전쟁에서 묘사되어 있다. 그리고 상당기간 동안 신들 간의 전쟁이 계속되었던 것은 도리아족의 침입 이후 그리스의 암흑기를 뜻하는 시대의 표현일 것이다. 이 전쟁의 결과는 크로노스가 패배하고 축출되는 것으로 끝이 났다. 이것은 크로노스가 상징하는 미케네문명의 종말을 상징한다. 또한 강력한 왕권국가인 미케네문명은 쇠퇴하고, 다양화된 도시국가가 성립하고 발전하는 단계로 들어섬을 나타낸다.

(1) 제우스와 도리아족의 침범

도리아족의 침입은 그리스신화 속에서 '헤라클레스 일족의 귀환'이라 불리는 사건으로 표현된다. 그리고 도리아족의 남침으로 말미암아 미케네는 멸망이 되고 도리아족이 펠로폰네소스반도를 소유하게 되었다. 그 후 도리아족들은 '라토' 등 크레타의 여러 곳에 식민지를 세웠다. 그 중에 가장 두드러진 도시국가는 스파르타와 아테네이다.

스파르타는 펠로폰네소스반도 내의 산악지역에 위치하고 이주민인 도리아족이 선주민인 그리스인을 노예로 전락시키고, 자신들은 소수의 지배자가 되어 성립시킨 도시국가이다. 스파르타는 지역적인 폐쇄성을 가지고 있으며 농경지가 부족하여 독제적인 측면에서 강력한 군사 국가를 지향하게 된 것이다.

이에 반해 아테네는 도리아족의 침입을 막아낸 선주민들이 수립한 도시국가로 본토에 위치하였다. 그래서 그리스 각지에서 다른 도시국가의 시민들이 유입되어 거주하였고, 사회적 다양성 때문에 민주적인 체제가 꽃피우는 요인이 되었다. 또 대량의 노예가 수입되어 사회구성이 스파르타와 달랐으며 해양을 통한 해외교역이 활발하게 이루어져 그리스의 최상의 부를 축적한 도시국가로 자리매김한다.

이러한 점에서 아테네는 도리아족의 침입 이후 신화 속의 신들의 우두머리가 된 제우스를 연상할 수 있다.

(2) 신들 간의 전쟁과 암흑기

제우스를 중심으로 한 신의 집단과 크노소스를 중심으로 한 신들 간의 전쟁은 마치 BC 1100년경~BC 750년경까지의 역사인 그리스의 암흑기를 잘 나타낸다.

그리스에는 도리아족의 침입 이후 미케네문명이 완전히 쇠멸하는 시기까지를 암흑기라고 부른다. 실제적으로는 도리아인이 언제부터 거주하기 시작한 것인지는 알 수 없으나, BC 750년경에는 이미 미케네문명이 완전히 붕괴된 것으로 보고 있다.

그리스 암흑시대 초기에는 미케네문명의 쇠락과 해상무역의 감소로 인해 경제가 크게 악화되었으며 사회적으로 빈부격차가 심화되었다.

당시에 사용되던 문자는 멸실되어 그리스 청동기시대의 흔적이 남아있는 것은 신화와 고고학적 유물뿐이다.

이러한 암흑기에 그리스는 강력한 통치자가 없었으며 발달된 정치체제도 존재하지 않았다. 그리고 사회적인 체계가 무너졌기 때문에 대규모 농사가 불가능해졌다. 이에 따라 농산물의 생산성은 줄어들고 식량이 부족해지면서 인구도 감소한다. 그래서 그들은 농업 대신 목축에 의존하게 된다. 그러다보니 자연 암흑기의 그리스는 가난해졌고, 거대한 건축물의 축조는 어려웠다. 그러나 일부 부유한 지역에서는 사회질서가 살아나고 지배계층은 부장품으로 장신구를 묻기 시작한다.

청동기시대가 후기로 접어들면서 경제는 쇠퇴의 길을 걷게 된다. 그러나 철의 제련기술을 알게 된 후부터 그리스인들은 무기의 날과 농기구 등에 철기를 사용했고, 그로 인해 농산물의 생산량은 크게 증가하고 인구도 다시 증가한다.

인구가 다시 증가하자 그리스 경제는 다시 살아나고 사회적인 위계질서가 확립된다. 당시에는 그리스뿐만 아니고 이집트나 히타이트 등도 철기문명으로 무장된 해양족들의 침입을 받았다.

이 시기는 철재무기와 더불어 기병이 전투의 주력으로 나타나 그 이전의 청동기문명들을 몰아내고 중앙집권화된 국가들을 도시형 국가로 대체해나가는 경향이 나타난다.

종교적으로는 범신론적인 경향을 갖고 '신탁'이라는 계시를 통해 전쟁 여부를 비롯한 중대사를 결정했다. 그리고 제우스를 최고의 신으로 하여 사회적 정의를 최우선시하게 되었으며, 이것으로 인해 그리스의 경제와 사회가 크게 변화했다. 특히 철학, 과학, 수학 등의 학문적 발달이 급속하게 이루어졌다. 그리고 이러한 과정을 거친 암흑기 이후에는 도시국가의 발달로 인한 새로운 그리스의 부흥기가 찾아온다.

(3) 그리스 12신과 도시국가 성립

그리스 도시국가의 성립배경은 우선 지리적인 조건에서 바다나 산과 섬 등으로 경계가 이루어져 분리가 되어 있었는데, 기후적인 요소에서는 농경에 불리했다. 그래서 그리스는 곡물 경작보다는 올리브, 포도 등의 과실류와 목축 그리고 어업 등의 다양한 산업체계를 가질 수밖에 없으며, 소아시아의 비옥한 지역을 식민도시로 삼아 진출하였기에 도시국가화하기 쉬웠다.

BC 1100년경 도리아족이 남하하여 중앙집중화된 미케네문명을 멸망시키고 그들을 아테네지역으로 이동시켜서 그곳에서 각각 독립된 도시를 이루게 하였다. 그리고 이오니아지방으로 이주한 그리스인들이 선주민과의 마찰을 피해 해안가에 방어적으로 세운 것이 소아시아 지역의 도시국가이다.

이러한 과정을 통해 그리스 전역에는 중앙집권적인 국가가 아닌 자유로운 도시국가가 성립되었다. 그러나 이후의 암흑기에는 다시 도시간의 수많은 전쟁으로 피폐하게 된다. 이 때문에 도시국가간의 공동 연맹체를 만들어 공동방어의 국가가 이루어지게 된다. 그리고 전쟁을 통해 토지를 획득한 평민의 힘이 세지면서 토지를 가진 평민들의 민주사회가 이루어진다.

제우스와 12지신의 등장은 그리스가 수많은 도시국가들의 연합체로 변화되고 각각이 독립적인 국가로 존속하게 되는 것과 같은 의미를 가지고 있다.

5. 수메르와 인더스문명

인도신화에는 인더스문명의 이전과정이 나타나있지 않다. 다만 수메르의 카인(칸)족이 인도대륙으로 이전해 간 흔적이 지명에 나타나있다. 그리고 후기에 만들어진 시바-가네샤신화 속에는 고대 인더스문명이 아리안족에게 멸망당하고 노예화되는 과정이 잘 나타나 있다.

1) 인도신화와 인더스문명의 태동

인더스문명의 키워드는 캔(디스), 인(더스), 카수메르, 카이바이며, 모헨조다로 유적이 주는 의미가 중요하다.

(1) 인도신화 개관[28]
① 프라자파티(Prajapati)의 창조(1)

프라자파티는 많은 자손을 얻으려는 목적으로 고행(요가)을 수행했다. 고행을 통하여 그의 몸은 타파스(tapas : 요가 중 몸에서 나는 열을 말한다)가 되었다. 그러자 그의 몸에서 불, 바람, 해, 달 그리고 여성인 새벽이 창조되었다. 그는 그들에게 말했다.

"너희들도 나처럼 고행을 하여라."

명령에 따라 그들도 엄격한 고행에 전념하였다.

그들이 이처럼 고행을 수행하고 있을 때 프라자파티의 딸인 새벽이 아름다운 천상의 여인의 모습을 하고 그들 앞에 나타났다. 그녀의 아름다움에 정신을 빼앗긴 그들은 마음이 몹시 흔들렸다. 그리하여 그

---

28) 출처 : http://blog.naver.com/diohind/110007717939

들의 고행을 향한 일념은 여지없이 무너져버리고 대신 육체적인 욕망에 넋을 빼앗겨버리고 말았다. 그녀를 향한 욕정을 이기지 못한 그들은 자신도 모르게 씨앗을 흘리고 말았다. 그들은 곧 후회를 하면서 아버지인 프라자파티에게 달려가서 말했다.

"아버지, 우리들은 욕정에 눈이 멀어 씨앗을 흘리고 말았습니다. 제발, 그것을 잃어버리지 않도록 해주소서."

그들의 간청에 프라자파티는 황금주발을 만들어 그 속에 그들의 씨앗을 담았다. 그러자 그 속에서 일천 개의 눈과 일천 개의 발, 그리고 일천 개의 적중하는 화살을 가진 신이 나타났다. 그는 아버지인 프라자파티를 붙잡고 다음과 같이 말했다.

"저에게 이름을 주십시오. 이름이 없으면 나는 음식을 먹을 수 없습니다."

아버지는 그에게 대답했다.

"너는 브하바(Bhava : 존재)이니라."

이리하여 이 세상에 존재라는 이름이 처음으로 발생하였다. 아울러 이 존재라는 이름을 통하여 세상의 모든 사물이 창조되고 또한 존재하게 되었다.

② 프라자파티의 창조(2)

어느 날 프라자파티는 욕정을 품고 자신의 딸에게 몰래 다가갔다. 어떤 사람들은 그녀가 하늘이었으며, 또 다른 사람들은 새벽이었다고 말한다. 그는 수사슴의 형상으로 변하여 그녀에게 접근했다. 왜냐하면 그때 그녀는 암사슴의 형상을 취하고 있었기 때문이다. 다른 신들이 이 같은 그의 행동을 목격하고는 다음과 같이 말했다.

"프라자파티는 지금 해서는 안 될 일을 하려고 한다."

그들은 프라자파티를 벌줄 수 있는 존재를 찾아보았다. 그렇게 모인 존재가 루드라(Rudra, 후에 파괴의 신인 시바와 동일시된다) 신이 되었다. 그는 무서운 형상들을 모두 모아 만들어졌기 때문에 브후타(Bhuta ; Bhutapati : 귀신들의 주인)라는 이름을 갖기도 한다. 신들은 루드라에게 명령했다.

"프라자파티가 지금 해서는 안 될 일을 하려고 한다. 그 일을 막기 위해 너는 가서 그를 활로 쏘아 버려라."

그러자 루드라는 대답했다.

"그렇게 하겠습니다. 하지만 저의 한 가지 소원을 들어주십시오. 저는 모든 짐승들의 지배자가 되기를 원합니다."

신들이 루드라의 소원을 기꺼이 들어주었기 때문에 그의 이름에는 짐승(Pasupati : 짐승들의 주인)이라는 단어가 포함되었다. 루드라는 활을 겨누어 프라자파티를 쏘았다. 화살을 맞은 프라자파티는 자신의 씨앗을 흘리면서 하늘 위로 날아올라 갔다. 이 때문에 프라자파티는 사슴이라고 불리기도 한다. 또한 사슴을 쏜 자도 역시 그 이름으로 불린다. 그리고 암사슴은 로히니라고 불린다. 이와 더불어 삼단으로 만들어진 화살은 '세 부분을 가진 화살'이라고 불린다(이 화살에 대한 부분은 시바의 세 도시의 파괴 부분에 자세히 나타난다). 프라자파티의 씨앗은 땅에 떨어져서 흘러 호수가 되었다. 신들은 프라자파티의 씨앗을 잃어버리지 않으려 했다. 그들은 그것을 아그니(불)로 감쌌다. 그러나 마루트(바람)는 씨앗이 흩어지게 하려고 바람을 불었다. 아그니는 프라자파티의 씨앗이 흐르지 못하게 했다. 신들은 다시 씨앗을 아그니 바이슈바나라(불)로 감쌌다. 그러나 마루트가 계속해서 바람을 불자 아그니 바이슈바나라도 결국은 씨앗이 흐르는 것을 막을 수가 없게 되었다. 불이 붙은 씨앗이 흘러내리면서 첫 번째 부분은 아디트야(Aditya : 해)가 되었다. 계속해서 두 번째 부분은 브라구(Bhrigu : 밝음)가, 그리고 빛나는 세 번째 부분은 아디트야들(Adityas)이 되었다. 석탄(연료)은 앙기라스들(Angiras)이 되었다. 석탄이 꺼진 후 다시 불타게 되었을 때 거기서 브리하스파티(Brhaspati : 위대한 아버지)가 태어났다. 완전히 타버린 석탄은 검은 가축이 되었고, 불로 인해 붉게 변한 대지는 갈색의 가축이 되었다. 재는 다양한 형태로 퍼지면서 물소, 황소, 영양, 낙타, 당나귀 그리고 갈색의 가축 등이 되었다.

③ 푸루샤의 창조

푸루샤는 일천 개의 손과 일천 개의 눈과 일천 개의 다리를 가진 신이다. 그는 대지 어느 곳에나 퍼져 있으며, 그러고도 열 손가락이 남았다. 푸루샤 자신은 이미 있었던 것과 앞으로 있을 것의 전체이다. 그는 불사의 주인이며, 또한 음식으로 성장하는 모든 것들의 주인이기도 하다. 이와 같은 것이 그의 위대함이면서도 그는 이보다 더 위대하다. 모든 생명체는 그의 4분의 1로 만들어졌으며, 4분의 3은 천상에 있는 불사의 세계이다. 4분의 3을 가지고 푸루샤는 위로 올라가며 4분의 1은 여전히 이 땅에 남아 있다. 이 때문에 그는 모든 장소와 먹거나 먹지 않는 모든 존재에 두루 퍼져 있다. 그로부터 비라즈(원초적 존재)가 태어났고 비라즈로부터 또한 푸루샤(인류의 조상)가 출생했다. 이미 태어난 그는 대지라는 공간을 넘어 현재뿐만 아니라 과거와 미래에까지 두루 퍼졌다. 신들은 푸루샤를 제물로 삼아 희생제를 지냈다. 그 의식에서 봄은 정제된 버터였고, 여름은 땔감 그리고 가을은 공물이었다. 신들은 희생제물이 된 처음 태어난 푸루샤에게 신성한 풀로 기름을 발랐다. 모든 것이 제공된 그 희생물로부터 정제된 버터가 얻어졌다. 신들은 정제된 버터를 가지고 공중과 숲 그리고 마을에 사는 짐승들을 만들었다. 그뿐만 아니라 희생물로부터 시와 찬가 그리고 운율과 제사 형식들이 나왔다. 계속해서 그로부터 말이 태어났으며, 한 쌍의 앞니를 가진 동물들, 즉 암소, 염소, 양 등이 나왔다. 신들이 그를 나누었을 때 얼마나 많은 조각으로 나누었는가? 그의 입은 무엇이 되었으며, 또한 그의 팔과 넓적다리 그리고 발은 각기 무엇이 되었는가? 그의 입은 브라만(사제)이, 팔은 크샤트리야(무사)가, 넓적다리는 바이샤(상인)가, 그리고 발은 수드라(노예)가 되었다. 또한 달은 그의 마음이었으며, 해는 그의 눈이었다. 계속해서 그의 입으로부터 인드라와 아그니가, 그리고 그의 숨결로부터는 바람이 탄생했다. 그의 두 다리로부터 대지가, 그리고 귀로부터는 하늘이 나왔다. 이와 같이 하여 신들은 세상을 치장했다.

④ 아트만의 창조

태초에 이 우주에는 오직 자아(Atman)만이 인간의 형태로 존재했다. 어느 날 그는 주위를 둘러보고 자신 이외에 아무것도 존재하지 않는다는 사실을 알았다. 그때 그는 처음으로 "나는 존재한다."라고 말했다. 이 때문에 '나'라는 단어가 태어났다. 그러므로 오늘날 사람들이 어떤 것에 대해 말할 때는 우선적으로 "이것은 아니다."라고 말하고 나서, 그 다음에 그에게 주어진 다른 개별적인 이름을 말한다. 모든 우주보다 앞선 그가 모든 악을 태워버렸기 때문에 그는 푸루샤이기도 하다. 이것을 아는 자는 그에 앞선 모든 것을 태워 없애버린다. 아트만은 오직 자기 혼자만이 존재하고 있다는 사실을 두려워했다. 이 때문에 모든 사람은 홀로 있을 때 자연적으로 두려움을 느끼지 않을 수 없다. 그는 두려움 속에서 다음과 같이 생각했다.

"지금 여기에는 나 이외에 아무도 존재하지 않는다. 그렇다면 나는 과연 무엇을 두려워하는가?"

그러자 아트만의 두려움은 곧 사라져 버렸다. 왜냐하면 그가 두려움을 느낀 것은 오직 두렵다는 생각일 뿐 진실로 그가 두려워해야 할 구체적인 대상은 전혀 존재하지 않았기 때문이다. 그리고 나서 아트만은 두 번째 것(자신의 짝)에 대해 근심했다. 그에게는 아직 기쁨이라는 것이 없었다. 왜냐하면 홀로 있는 사람에게는 아무런 기쁨도 존재하지 않기 때문이다. 아트만은 자신의 짝을 원했다. 그 당시 그는 남성과 여성이 꼭 껴안고 있는 그만한 크기였다. 그는 자신을 두 조각으로 나누었다. 그 결과 아트만으로부터 남편과 아내가 태어났다. 이러한 이유 때문에 야즈냐발캬는 '인간은 반쪽'이라고 말한다. 이러한 과정을 거쳐 그의 빈 공간은 여성으로 채워졌다. 그는 그녀와 결합했으며, 이로부터 인류가 태어났다. 그녀에게는 다음과 같은 의구심이 생겼다.

"어떻게 그는 자신이 만든 나를 취해서 결합할 수 있을까? 이것은 부끄러운 일이다. 그러한 잘못을 피하기 위해서는 내가 숨어버리는 것이 낫겠다."

그리하여 그녀는 자신을 암소로 변화시켰다. 그러자 아트만은 수소가 되어 그녀와 결합하고 이로부터 발굽을 가진 동물들이 태어났다. 그녀는 다시 암염소가 되었다. 그러자 그 또한 숫염소가 되었다. 계속해서 그녀가 암양으로 변하자 그는 숫양이 되어 그녀와 결합했다. 이로부터 염소와 양들이 출생했다. 이렇게 하여 그는 개미에 이르기까지 모든 종류의 생물을 창조했다. 아트만은 이 모든 것을 자신이 창조했다는 사실을 깨달았다. 따라서 이러한 사실을 올바로 아는 자는 곧 그의 창조 속에서 태어난다. 그는 입으로부터 불구멍을, 그리고 두 손에서 불을 창조했다. 그렇기 때문에 입 속과 두 손바닥에는 털이 없게 되었다. 사람들은 "이 신에게 희생제를 드려라. 저 신에게 희생제를 드려라."라고 말하지만 진실로 이 모든 것은 바로 아트만의 창조이다. 그렇기 때문에 그 자신이 곧 모든 신들이다. 습기 있는 모든 존재는 바로 그의 정액으로부터 창조되었다. 그의 정액은 또한 소마이다. 이 우주는 모든 음식과 음식을 먹는 자로 되어 있다. 소마가 바로 그 음식이고 아그니는 음식을 먹는 자이다.

⑤ 브라흐마의 창조

스스로 존재하는 브라흐마는 다크샤(Daksa)에게 자손을 창조하도록 가르쳤다. 그리하여 다크샤는 비바스와트(Vivasvat)의 아들인 마누가 존재한 기간 동안 움직이거나 정지해 있는 모든 존재를 창조했다. 다크샤는 네 가지 형태로 자손을 창조하도록 정리했다. 첫째는 허물을 벗으면서 태어나는 존재이고, 둘째는 알에서 태어나는 존재, 셋째는 싹에서 나오는 존재 그리고 네 번째는 습기에서 나오는 존재이다. 다크샤는 천년 동안 극단적인 고행을 실행했다. 그 결과 요가의 힘에 의하여 다크샤는 그들을 생성할 수 있게 되었다. 그는 형태나 힘 그리고 에너지가 자신과 똑같은 신을 창조했다. 계속해서 그는 마음으로 성자들, 신들, 간다르바들(Gandharvas : 하늘나라의 음악가), 인간, 뱀, 야차들, 귀신들, 새, 가축, 야수 등의 모든 존재를 만들었다. 그러나 다크샤의 마음에서 나온 모든 존재들은 증가할 수 없었다. 왜냐하면 그들은 위대하고 현명한 신인 시바에 의해 저주를 받았기 때문이다. 다크샤는 자신의 짝을 찾아 둘 사이의 열정에 의해 다양한 자손을 창조하기를 원했다. 그리하여 그는 프라자파티 비라나의 딸인 아시크니(Asikni)를 아내로 맞이하였다. 그녀는 모든 사람들을 받쳐줄 수 있는 거대한 요가의 힘을 갖고 있었다. 왜냐하면 실제로 그녀는 전체 우주를 떠받치고 있었기 때문이다. 위대한 영웅적인 힘을 소유한 다크샤의 아들들인 하르야슈와들(harysvas)이 모였다. 왜냐하면 그들도 아버지처럼 자손을 번창시키기를 원했기 때문이다. 그러나 성자 나라다(Narada)가 그들에게 말했다.

"너희들은 참으로 어리석구나! 너희들은 대지의 표면이 과연 얼마나 넓으며 높고 낮은지 알기나 하느냐? 너희는 어떻게 자손을 창조하려느냐? 대지의 기준이 무엇이냐? 또한 무엇이 창조되느냐? 만일 너희가 이것을 이해하지 못하고 너무 적거나 아니면 너무 많이 창조한다면 그것은 큰 잘못을 저지르는 결과를 낳게 될 것이다."

그의 말을 듣고 나서 아들들은 그것을 알기 위해 바람을 타고 모든 방향으로 퍼져나가 사라져 버렸다. 오늘날까지도 그들은 되돌아오지 않은 채 바람을 따라 방랑하고 있다. 이렇게 그의 아들들이 사라져 버리자 프라체타스의 아들인 다크샤는 비라나의 딸에게서 또 다른 수천 명의 아들을 얻었다. 샤바라슈와(Sabalasvas)라고 불린 그들 역시 자손을 증가시키기를 원하자 나라다로부터 다시 똑같은 충고를 들었다. 그리하여 그들은 형들의 전철을 밟지 않으려고 노력하면서 대지의 넓이를 재기 위해 사방으로 흩어졌다. 그러나 그들 역시 오늘날까지 되돌아오지 않고 있다. 두 번째 아들들까지 사라져 버리자 다크샤는 분노했다. 그리하여 나라다에게 다음과 같은 저주를 퍼부었다.

"너는 죽어서 태아가 되리라."

그의 사랑스런 아들들이 모두 죽었을 때 다크샤에게는 60명의 유명한 딸들이 있었다. 카샤파(Kasyapa)신이 그녀들 중의 하나를 부인으로 삼았다. 또한 다르마(Dharma : 법), 소마(Soma : 신주), 시바 그리고 다른 위대한 성자들도 마찬가지로 그녀들을 아내로 맞이하였다.

　이상에서와 같이 인도신화에는 여러 신의 창조신화가 있는데 그중에서 가장 보편적인 것은 브라흐마의 창조신화이다. 더불어 인도 신화에서 가장 중요한 신들은 브라흐마, 비슈누, 시바의 삼신이다. 이 삼신은 삼위일체로 '트리무리티(trimriti)'라고 불리며, 각각 우주의 창조·유지·파괴를 주관한다. 이 중에 브라흐마는 이름뿐이고 비슈누와 시바는 종교적 숭배의 대상으로 힌두교의 2대 종파가 되었으며, 이에 관한 수많은 신화가 전해지고 있다. 원래 비슈누는 태양신으로서 제례와 관련이 있어 명랑하고 정통적인데 비해, 시바는 산중에 있으면서 가축의 우두머리로서의 흉폭하고 음산한 형상을 갖는다. 또한 비슈누는 일단 유사시에는 신들의 청을 받아들여 악마를 물리치고 정의를 지킨다. 이 비슈누 신은 크리슈나·라마 등 10개의 화신 전설이 전해지고 있으며, 불의를 무찌르고 올바른 질서를 희복시킨 뒤 하늘로 돌아간다고 한다. 이런 점에서는 구세주적인 성격도 가지고 있어서 이점이 유일신 정신을 고취시키기도 한다. 이에 반해 시바 신은 요괴와 괴물의 우두머리로 화장터를 방황하며 전신에는 시체의 재를 바르고 코끼리 가죽을 걸치고 큰 뱀을 띠로 두르고 있다. 그리고 카이라사에서 고행을 하는가 하면, 히말라야산의 딸 우마와 파르바티 등을 아내로 삼고 키라타의 우두머리로서 군림한다고 한다.

　이밖에 세계의 수호신으로서 동서남북에 인드라·바루나·야마·쿠베라가 있으며, 인드라·바루나는 베다신화의 신이다. 야마는 원래 죽은 자의 나라 왕(불교의 염라대왕)으로 검붉게 빛나는 피부에 누런 옷을 걸치고 손에는 새끼줄을 들고 있으며, 인간의 몸에서 영혼을 뽑아가는 죽음의 신으로 여겨진다. 쿠베라는 재물의 신으로, 히말라야의 카이라사 산정에 있는 아름다운 아라카 궁전에 살고 있다고 하며, 원래는 요괴와 야차의 우두머리로서, 불로불사의 묘약 아무리타를 만들어 마심으로써 불사의 힘을 얻었다고 한다. 인도신화는 베다신화와 힌두교신화로 크게 나뉜다. 베다에 등장하는 신들 가운데는 태양·불·바람·비·번개 등 자연현상에 관계되는 것이 많다. 번개신의 형상인 인드라는 동시에 무용(武勇)의 신으로서 금강저를 가지고 있고, 소마로 슬기를 기르며, 바람신 마루트를 거느리고 악마 브리트라를 물리치며, 인간 세계에 희망의 물을 가져다준다. 제사의 뜨락을 비치는 불의 신 아그니는 신들의 선도자가 되고 불에 바쳐진 제물을 천상으로 운반한다고 한다. 율법신 바르나는 천지와 인륜의 이치를 다루는 법인 리타를 지니고, 일월의 운행과 사계의 순환을 주관하며, 인간의 행동을 감시하여 동아줄로 악인을 징계한다. 이 신은 계약의 신인 미트라와 관대함의 신인 아리아만과 함께 아디티야 3신으로 추앙된다.

(2) 인도의 주요한 신들

① 인도의 주요한 신[29]

인도의 신은 인도의 인구수만큼이나 많이 있다. 그중에서 중요한 신은 다음과 같다.

- 브라흐마 – 창조의 신
- 비슈누 – 유지의 신
- 시바 – 파괴의 신
- 가네샤 – 시바의 아들로 시바에게 목을 잘린 후 코끼리 머리를 붙임.

브라흐마

---

29) 출처 : Daum / 블로그 / 편집

- 락쉬미 – 비슈누의 아내 신이며, 미와 행복 그리고 행운과 부의 여신
- 파르바티(우마) – 시바의 부인으로 시바의 첫 부인인 사티의 환생
- 강가 – 갠지스강 모습의 여신으로 갠지스강 자체를 말하는 이름
- 샥티(샤크티) – 활동, 창조, 생식 등을 의미하는 요가의 여신
- 인드라니(사치) – 인드라의 부인
- 우샤스 – 새벽의 여신
- 칼리 – 시바의 아내로 시간의 지배신이며, 파괴의 여신
- 우마 – 시바의 또 다른 아내
- 인드라 – 천둥, 번개의 신
- 마루트스 – 폭풍우의 신
- 수리야 – 태양의 신
- 바루나 – 물의 신
- 아그니 – 불의 신
- 드루바 – 북극성의 신
- 바유 – 바람의 신
- 사스타 – 세상을 지배하는 신
- 데바후티 – 영혼의 여신
- 가젠드라 – 코끼리의 신
- 하루만 – 원숭이 신

비슈누

시바

가네샤

- 푸루사오타마 - 우주의 기운을 주관
  하는 신
- 브라흐미 - 브라흐마의 여성형
- 루드라 - 시바의 화신
- 비스바카루마 - 천상의 기술자 신
- 비스바가르바 - 대홍수 이전의 홀로 신
- 비스바루파 - 우주의 형상이라는 모신
- 나라다 - 브라흐마의 화신
- 수라 - 술의 여신
- 아수라 - 마신
- 야마 - 죽음의 신
- 이스바라 - 통치의 신
- 쿠베라 - 부의 신
- 가루다 - 비슈누가 타고 다니는 독수리 신
- 세사 - 천 개의 머리를 가진 뱀
- 바리 - 악마들의 왕
- 희딤비 - 여성 악마

② 비슈누의 화신[30]

힌두의 주신인 비슈누의 화신은 10신으로 분류한다.

- 첫 번째 화신 - 마트스야(Matsya : 큰 물고기)

슈누의 첫 번째 화신인 물고기의 기원은 브라흐마나의 홍수 신화이다. 인류의 시조인 마누가 물고기로부터 조만간 발생하게 될 대홍수에 대한 이야기를 듣는다. 그 말대로 큰 홍수가 났다. 마누는 미리 준비

---

30) 출처 : Daum / 블로그 / 편집

한 배를 타고 큰 물고기의 도움을 받아 히말라야의 가장 높은 봉우리에 도착하였다. 세상을 삼켰던 물이 빠진 뒤에 마누는 산에서 내려와 제사를 지내고 다시 인류를 창조하기 시작했다는 신화로서, 물고기가 마누를 구제한다는 이 홍수 신화는 서사시나 푸라나에 전수되어 결국 비슈누의 화신이 되었다. 이 신화는 기독교의 홍수 신화와 거의 흡사하다.

• 두 번째 화신 – 쿠르마(Kurma : 거북이)

거북이의 화신도 그 기원은 프라자파티가 거북이의 모습으로 세계 창조를 하였다는 브라흐마의 신화이다. 푸라나에 의하면 세계가 파멸할 때, 큰 홍수가 나서 신들은 많은 보물을 잃어 버렸다. 이때 비슈누는 거북이가 되어 바다 밑으로 잠수하여 그의 등에 만다라(Mandara)산을 짊어지고 대지를 지탱하였다. 그리고 악마의 신들로 하여금 바다를 휘젓도록 하였다. 이처럼 비슈누는 거북이로 변신하여 신들이 우유의 바다로부터 만들어 낸 아므리타(Amrta, 불사약) 등의 여러 귀한 물건을 휘젓는 일에 일조했다.

• 세 번째 화신 – 바라하(Varaha : 멧돼지)

악마 히란냐약샤가 대지를 바다 밑으로 침몰시켰을 때 1,000년 동안의 끈질긴 싸움 끝에 대지를 그의 이빨로 물고 다시 끌어올렸다. 이처럼 대지를 지탱하여 인류를 구제했다고 한다.

• 네 번째 화신 – 느리싱하(Nrshinha : 반인반사자)

절반은 인간이고, 절반은 사자의 모습으로 변신하여 악마 리란니야카시푸를 퇴치하는 비슈누를 나타낸다. 브라흐마의 은총에 의해 신, 인간, 야생동물의 어느 것에도 죽지 않는 힘을 부여받은 이 악마는 그의 아들 프라흘라다가 비슈누를 신앙한다고 하여 아들을 죽이고자 한다. 이때 비슈누 신이 절반은 사람, 절반은 사자의 모습으로 나타나서 이 악마를 가볍게 퇴치해버렸다. 이 악마는 라바나로 재생했다고 한다.

• 다섯 번째 화신 - 바마나(Vamana : 난장이)

이 화신도 앞의 네 화신과 같이 우주의 창조와 관련하여 분류할 수 있고 우주의 제2기 유지기에 악마 발리가 삼계를 지배하고 있을 때, 이때 비슈누는 난장이가 되어 나타나서 발리에게 세 걸음만큼의 땅을 달라고 요구하였다. 자신의 힘을 과신한 발리는 이를 허락하였다. 그러자 왜소한 난장이는 거대한 모습으로 변하여 세 걸음을 걸었으며, 그의 세 걸음으로 인해 우주의 삼계가 창조되었다. 이것이 브라흐마나를 거쳐 서사시와 푸라나에 이르러 그가 비슈누의 다섯 번째 화신이 된 것이다.

• 여섯 번째 화신 - 파라슈라마(Parasrama : 용사)

파라슈라마는 도끼를 가진 라마라는 뜻으로, 그는 도끼를 휘둘러서 교만한 왕족을 넘어뜨리고 브라만에게 승리를 안겨 주었다 우주의 제2기 유지기에 비슈누는 브라만인 자마드아그니의 아들로서 인간의 모습으로 나타난다. 크샤트리아의 카르타비르야에게 아버지가 살해되자, 그는 도끼를 휘둘러 아버지의 원수를 갚았다. 크샤트리야족을 완전히 멸한 파라슈라마는 마헨드라산의 숲으로 고행의 길을 떠난다. 그리고는 아슈바메다를 거행하고 모든 땅을 카시야파에게 돌려준다.

• 일곱 번째 화신 - 라마(Rama)

아요디야(Ayodhya) 왕국의 다샤라타(Dasaratha)왕에게는 왕위를 계승할 왕자가 마땅치 않아서 자식의 탄생을 기원하는 말의 희생제를 지냈다. 이때 천계에서는 온갖 나쁜 짓을 일삼고 있는 악마왕 라바나를 퇴치하는 일이 문제였다. 그래서 브라흐마 신의 은총으로써 불사신이 된 라바나를 멸망시키기 위하여 비슈누는 다샤라타왕의 아들 라마의 모습으로 이 지상에 나타난다. 이 땅의 화신으로 등장한 라마는 어린 시절부터 어려운 고난의 길을 걷다가 결국 악마인 라바나와 일대 격전을 벌여서 결국 물리치고 선이 승리한다는 사실을 사람들에게 알림으로써 화려하게 자신의 고향으로 돌아간다.

• 여덟 번째 화신 – 크리슈나(Krishina)

라마 화신 바로 다음으로 크리슈나를 다음 화신으로 보고 있으며, 이 크리슈나라는 말은 '검다'라는 말에서 유래한 것이다. 어린아이로서의 크리슈나의 이야기 그리고 소치는 여인과 사랑에 빠지는 크리슈나, 인드라신에 대항하여 소들을 지키는 목동 크리슈나 그리고 사랑하는 자신의 여인 라다와의 사랑으로 유명한 크리슈나 등의 많은 이야기들이 그의 주변에 산재해 있으며, 많은 이들이 크리슈나 신을 신봉하고 따르고 예배하고 있다. 크리슈나에 따르는 많은 전승들이 있고, 그 전승들은 대개 쾌활하고 장난기 넘치는, 그리고 여인들과 사랑에 빠지는 아름답고 매력적인 크리슈나를 노래하고 있다.

• 아홉 번째 화신 – 부다(Buddha)

아홉 번째의 신이자 불교의 창시자인 부다가 힌두신화에서 비슈누의 아홉 번째 화신으로 등장한다. 물론 힌두의 바탕에서 불교를 이해해야 하는 환경에서 발생한 화신임을 알 수가 있다. 힌두교에서 불교가 더 이상 특별한 어떤 종교로서의 명맥을 유지할 근거가 없다고 생각되자 불교를 자신들의 주신인 비슈누의 아홉 번째 화신으로 삼았다. 이것은 불교가 힌두교에 미친 영향을 짐작할 수 있으며, 반대로 불교가 힌두교 사상의 뿌리와 그리 멀지 않음을 보여주는 것이기도 하다.

• 열 번째 화신 - 칼키(Kalki)

암흑의 시대인 파괴기가 끝날 무렵에 손에는 불칼을 들고 백마를 타고 나타나는 미래의 화신이다. 그는 사악함을 물리치고 정의를 세우며, 생성기의 법에 따르는 자를 구원한다고 하는 신이다. 결국 칼키는 현 상태로서의 우주의 파괴기에 나타나 자신 속에 모든 선을 거두어들인 후, 다음 단계의 우주 생성기가 될 때 다시 선과 질서를 우주에 퍼트리는 역할을 한다.

(3) 모헨조다로와 수메르의 인더스강

고대 인더스문명은 인더스강에 존재했던 모헨조다로와 하라파 그리고 가아하크라강의 돌라비라 등에 산재했던 문명으로 수메르문명과 동일한 건축기법과 벽돌 조적 그리고 상하수도 등의 관개수로와 농경문화를 가지고 있었다. 이와 같은 맥락에서 본다면 인더스문명 또한 수메르의 계승문명으로 볼 수 있다. 특히 인도의 주요한 강인 갠(컨)지스와 인(인)더스의 머리글자를 합치면 갠인, 즉 '칸인'이 된다. 여기서 갠지스는 칸디스(강가)에서 나오고, 인도는 인더스(인드라)에서 도출된

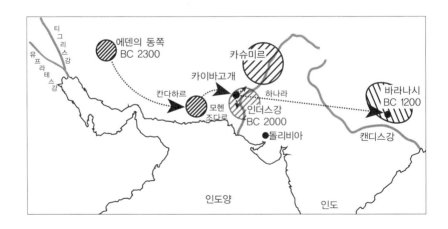

명사로 수메르의 칸인족이 인도문명을 만들고, 그들의 명칭으로 그들이 거주했던 강가에 역사적인 흔적을 남긴 것이다.

이러한 문명의 이전을 확인할 전승과정은 티그리스강에서 인도로 들어가는 경로의 지명에서도 잘 나타나있다.

지금의 아프가니스탄의 칸다하르(칸이 다다른)를 경유하여 카이바르 고개를 넘어 카슈미르(카수매르)가 이 여정의 한가운데 있다. 즉, 이러한 경로를 거쳐 수메르의 칸인족이 인더스강과 캔디스강에 도달하여 인도문명의 태동을 이룬 것이다. 특히 인더스강의 모헨조다로문명 그리고 하라파, 돌라비라의 문명들은 강가를 끼고 형성된 농경문명으로 메소포타미아의 수메르문명과 유사성이 깊다. 이러한 점에서 인도문명 또한 수메르의 칸인족의 이주 문명으로 볼 수 있다.

2) 인도신화와 칸인족

인도신화의 키워드는 시바, 가네샤, 카이바르, 카스트제도이며, 칸인과의 연관성이 중요하다.

(1) 시바와 가네샤신화

시바의 신화에 보면 시바가 아내 파르바티의 방에 들어가다가 파르바티의 명으로 서서 시바의 앞길을 막아선 자신의 아들인 가네샤(카르티케야)의 머리를 잘라버렸다. 그 때문에 파르바티는 내 아들을 살려놓으라고 난리를 쳤다. 그래서 시바는 코끼리 머리를 찾은 다음, 그걸로 머리에 붙여주어 가네샤의 머리는 코끼리 형상이 되었다는 설화가 있다.

이것은 수메르의 칸인족과 아리안족 사이에 일어난 사건의 상징일 가능성이 크다. 즉, 아리안족이 인더스강으로 침범해 들어와 그 당시 인더스문명을 이루고 있던 모헨조다로와 하라파 등지의 칸인족을 정복한 상황을 나타내는 것이다. 여기서 신화는 시바(아리안)족이 수메르의 지배계층 가네샤(칸)족을 몰아내고 점령한 것에 대한 상징적인 의미를 나타내고 있다. 또한 시바가 가네샤의 목을 자르는 것은 정복했다는 의미이며, 코끼리 머리를 붙였다는 것은 노예화시켰다는 의미이다. 특히 인도에서는 코끼리의 신을 가젠드라(카인+수드라)라고 하는 것을 보아도 코끼리와 수드라는 같은 의미로 볼 수 있다. 즉, 시바족이 가네샤족을 점령하고 노예화했다는 것이다. 또한 방에 들어간다는 것은 아리안족이 인도대륙으로 침입해 들어온다는 의미이다.

더불어 시바의 앞길을 막아섰다는 의미는 칸인족이 저항을 했다는 의미가 될 수 있다. 이상에서 유추해 볼 수 있는 것은 현재 발굴된 모헨조다로나 하라파 등의 유적에 전쟁의 흔적이 남아있지 않다는 것은 칸인족이 아리안족과의 싸움을 중앙아시아에서 인도로 들어오는 입구인 카이바르(카인 + 시바) 고개에서 벌렸을 가능성이 크다. 즉, 신화 속에 시바가 방에 들어가는 것을 앞에서 막았다는 것으로 표현된 것은 인도로 들어오는 입구에서 막았다는 의미가 되기 때문이다. 그리고 인더스 강가에 살고 있던 칸인연맹체의 연합군과 아리안의 침략군이 카이바르에서 싸워 칸인연맹군이 괴멸을 당했기 때문에 모헨조다로나 하라파 등의 유적에는 전쟁의 흔적이 남지 않았을 것으로 보인다. 이는 전 세계에 퍼져있는 수메르의 후손 국가들이 점령당하는 패턴이 유사한 것에서도 찾아 볼 수 있다. 즉, 잉카와 아스텍의 경우, 그리고 우리의 배달국 및 고조선 모두 외세의 농간에 의해 쉽게 점령당했던 것으로 보면 알 수 있다. 특히 마야문명이 홀연히 사라진 것도 이와 유사한 맥락에서 일어난 일이 아닌가 생각된다. 이는 칸인족이 농경민족으로 평화를 사랑하나, 안일하고 다소 나태하기 때문에 전쟁에는 무기력한 민족이다. 그래서 전투적이고 전쟁에 숙달된 여타 민족에게 쉽게 침탈을 당했던 것으로 보인다.

이러한 과정을 통해 정착된 인도신화를 살펴보면 현재의 인도 카스트계급의 구성방식을 살펴볼 수 있다. 인도의 주신인 브라흐마(창조)와 비슈누(유지) 그리고 시바(파괴)는 지배계급을, 그리고 시바에게 목이 잘린 가네샤는 하층계급을 구성하는 것으로 분류된다. 즉, 창조의 브라흐마는 최고위 신관계급인 브라만을 구성하고, 파괴의 신인 시바는 무사계급인 크샤트리아를, 유지의 비슈누는 상인인 바이샤를, 그리고 정복당한 가네샤(칸인)는 천민인 수드라와 하리잔(불촉천민)이 되어 현재까지 이어 내려오는 인도의 카스트를 구성하게 된 것으로 보인다. 특히 인도에서 코끼리는 노역과 중노동을 하는 수드라(천민)의 상징이다. 이 때문에 가네샤의 코끼리 머리는 그 뜻이 명확하다. 즉, 시바가 가네샤의 머리를 코끼리의 머리로 바꿔치기한 것은 무력으로 칸인족의 신분을 노예로 변화시켰다는 의미도 된다.

(2) 베다와 힌두교신화

베다와 힌두신화에도 우주의 창조신화가 있다. 망망한 물속에 '황금의 태아'가 잉태되어, 신들이 태어났으며, 태양과 교접하여 산과 바다가 생겨났다는 것과 아무것도 없었던 태고의 암흑 속에서 잠자고 있는 유일한 중성적 원리에서 일체가 개벽했다는 것, 또한 원인류인 푸르샤를 신에게 제물로 바침으로써 그 신체의 각 부분에서 삼라만상과 4계급이 생겼다는 것, 노아의 방주를 연상케 하는 홍수 신화와 혼자 살아남은 인간의 조상 마누가 겪은 고행 덕분에 인류가 번영하였다는 전설 등이다.

이러한 신화는 그 원전이 수메르의 구전신화가 인더스문명으로 이전하면서 유사한 내용의 신화로 나타난 것으로 여겨진다. 특히 대홍수 신화는 길가메시, 성서 등에도 유사한 내용으로 구전되었으며, 이들 간의 공통점은 수메르에서 찾아 볼 수 있는 점이 일맥상통한다.

(3) 마하바라타 서사시[31]

마하바라타는 친척이었던 카우라바가와 판다바가 사이에 벌어졌던 권력쟁탈전이 한 영웅을 중심으로 전개되며, 수많은 전설과 교훈적인 내용을 담고 있다. 2대 서사시의 다른 하나인 라마야나(Rāmāyaṇa : 라마의 사랑 이야기)와 함께 BC 400년~AD 200년경의 힌두교를 아는 데 중요한 자료이다. 마하바라타에는 단행본으로는 가장 중요한 힌두교 성전인 바가바드기타(Bhagavadgītā : 主神의 노래)가 들어 있다. 이 서사시는 10만 개 정도의 이행 연속어구로 이루어져 있는데, 이는 《일리아드와 오디세이아》를 합한 길이의 약 7배에 해당한다. 또한 18개의 절(parvan)로 나뉘는데 하리방샤(Harivaṃśa : 하리 신의 자손인 크리슈나인 비슈누)라는 부록이 붙어 있다. 전통적으로 현인 비아사가 그 저자라고 알려져 있으나, 당시에 존재하고 있던 자료를 그가 편집했다고 함이 더욱 타당할 듯하다. 이 시는 AD 400년경에 오늘날 전해지는 형태를 갖추었다.

이 서사시는 BC 1400~ BC 1000년에 있었다고 추정되는 실제 사건

31) 출처 : Daum / 백과사전 / 브리태니커

에 바탕을 둔 듯하다. 두 왕자 중 형인 드르타라슈트라는 눈이 멀었기 때문에 부왕(父王)이 죽을 때 동생 판두에게로 왕위가 넘어갔다. 뒤에 드르타라슈트라는 동생 판두가 종교 수행자가 되기 위해 왕위를 포기했을 때에야 권력을 잡았다. 판두의 아들들인 판다바 형제, 즉 유디슈티라·비마·아르주나·나쿨라·사하데바는 사촌인 카우라바 형제들과 함께 궁전에서 자랐다. 그러나 증오와 질투도 함께 자라나, 판다바 형제는 자기 아버지가 죽자 궁전에서 쫓겨났다. 추방된 동안 5형제는 드라우파디와 공동 결혼했고, 사촌 크리슈나를 만나 그 뒤로 친구이자 동지가 되었다. 그들은 분할된 왕국에서 몇 년 동안은 번영을 누렸으나 맏형 유디슈티라가 카우라바가의 장자인 두리오다나와의 주사위 노름에서 모든 것을 잃어 다시 12년 동안 숲에 은둔해야 했다. 양가의 불화는 쿠루크세트라(지금의 하리아나주 델리의 북쪽)에서 일련의 대접전으로 절정에 달했다. 카우라바가는 모두 전멸했고, 승리한 쪽도 판다바 형제들과 크리슈나만 살아남았다. 사냥꾼이 사슴으로 오인해서 쏜 화살로 인해 크리슈나가 갑자기 죽은 뒤 5형제는 드라우파디와 개 1마리(변장한 정의의 신 다르마)와 함께 인드라 신의 천국을 향해 떠났다. 도중에 차례차례 쓰러져 유디슈티라만이 천국의 문에 도달했다. 그는 음과 충성을 시험받은 후 마침내 형제들과 드라우파디를 다시 만나 영원한 행복을 누렸다.

이 양가의 불화는 작품 전체의 5분의 1 이상을 차지한다. 나라와 다마얀티의 사랑 이야기, 죽은 남편에 대한 헌신으로 죽음의 신 야마를 설득하여 남편을 회생시켰다는 사비트리 전설, 순례지의 묘사 그리고 많은 다른 신화와 전설들이 이 일화와 섞여 있다. 무엇보다도 마하바라타는 왕, 전사, 불행한 시대를 살아가는 인간, 윤회를 벗어나 해탈을 얻으려는 사람 등이 행해야 할 적절한 행위를 포함한 다르마(dharma), 즉 행위를 밝히고 있다. 이 서사시가 형성되던 몇 세기는 베다의 희생 신앙에서 후기 힌두교가 종파적이고 내면적인 신앙으로 이행하던 시기였다. 그래서 서사시의 각 장들은 다양한, 때로는 서로 상충되는 신앙을 보여준다. 나라야니야(Nārāyaṇīya)·바가바드기타(Bhagavadgītā)·아누기타(Anugītā)와 부록 하리방샤와 같은 것들은 초기 비슈누 숭배사상을 알 수 있는 중요한 자료이다. 여기서 크리슈나는 비슈누 신과 동일시되며, 다른 화신(avatāra)도 등장하고 있다.

마하바라타 이야기는 남아시아와 동남아시아에 전승되었다. 여기에 나오는 여러 사건들은 유명한 캄보디아의 앙코르 와트, 앙코르 톰 유적에 조각된 그림으로 생생하게 표현되었다.

제4장

우리 한(칸)민족의 갈래

제4장
우리 한(칸)민족의 갈래

수메르에서 동방으로 이주해온 우리 한(칸)민족은 동북아의 주변 지역과 아메리카로 문명을 전파하였다. 초기에 홍산과 요하에 국가를 세우고 중국의 황하지역으로 진출하여 고대 황하문명을 일으켰으며, 일본으로 건너가 국가를 세우고 기원전부터 지속적으로 아메리카로 건너가 잉카, 마야, 아스텍문명을 일으켰다. 즉, 황하문명, 일본국, 아메리카문명이 모두 우리 한(칸)민족의 파생문명이다.

1. 환웅과 3황5제

중국의 3황은 환웅(칸훈)시대의 관료계급인 풍백(신관), 우사(행정관료), 운사(장수)를 나타낸다. 그리고 5제는 환웅·단군시대의 5부 행정부서의 수장이다.

1) 배달국과 번(고)조선의 성립

단군왕검에서 키워드는 환인(칸인), 환웅(칸훈), 단군, 배달, 조선, 한(칸)국, 우르, 소머리 등이며, 수메르와의 연관성이 중요하다.

(1) 한(칸)민족의 유래

우르의 수메르인이 메소포타미아의 티그리스강 동쪽으로 이동하여 우리 한반도로 이주할 때 중앙아시아의 각 지명에 그 흔적을 남겨놓았다. 그래서 우리는 그 흔적을 통해 그들의 이동경로를 쉽게 알아낼 수 있다.

현재까지 사용되고 있는 지명에서도 이동경로는 나타난다. 우랄(Ur-)산맥과 몽고의 수도인 울란바토르(Ur-) 그리고 흑룡강 주변의 아무르(-ur) 등에서 우르의 흔적을 찾아볼 수 있다. 또한 지금은 요하라고 부르는 지역도 초기에는 우르하(우하 : 牛河)라고 불렸던 지역이다.

그들은 수메르에서 발전된 농경문화와 청동기문명을 가지고 중앙아시아 초원을 거쳐 홍산과 만주 그리고 요하 및 송화 강변에 이르기까지의 긴 여정을 이동하여 우리 한(칸)민족의 뿌리가 되는 동방문명의 주체가 되었다. 즉, 수메르의 칸인족이 그 당시 만주지역에 있던 토착 훈족과 결합하여 칸훈연맹체를 만들고, 그로 인해 고대 국가가 성립되면서 그 최초의 자손이 단군왕검으로 우리 한(칸)민족의 시조이다.

특히 황하문명은 독자적인 문명이 아니고 우리 한민족이 홍산에서 남하하여 BC 2200년경에 황하 중류지역에 거주하면서 이룩한 문명이다. 지금은 중국이 우리보다 크고 강력한 국가로 변하였지만 원래

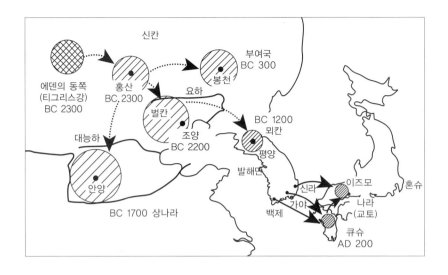

는 우리 한민족의 파생국가로부터 시작한 것이다. 그러나 지금의 우리
처지를 보면 중국에 굴종하여 그 뿌리도 모르고 처신하고 있는 상황
이다. 즉, 우리는 '아들이 아버지보다 체격이 크고 힘이 세졌다고 해서
할아버지 노릇을 하는 중국'을 사대 모화사상으로 접하는 가련한 민
족이 되어버린 것이다. 그렇기 때문에 앞으로 우리는 이러한 점을 되새
겨서 빠른 시일 내에 우리의 본질을 찾아 동북아의 선도 민족의 위치
를 되찾아야 한다.

(2) 배달국과 고조선의 성립

청동기문명을 가지고 있던 수메르의 칸인족과 석기문명의 훈족이 연
합하여 내몽골지역에 신시(神市 : 적봉, 홍산)를 중심으로 칸훈연맹체
를 만들고 신칸(한)이 건국된다. 이는 삼국유사에 나오는 태백산 신
단수 아래 신시를 베풀었다는 것으로 표현되었다. 여기서 태백산은 적
봉에 있는 탑산을 의미하는 것이며, 초기 칸연맹체는 토착부족들과의

싸움에 대비하여 산 정상에 성체와 단상을 쌓고 도시를 형성했다는 의미이다. 이러한 도시 형태는 그리스의 미노아궁전과 미케네의 성곽도 언덕이나 구릉지 위에 조성한 것과 일맥상통한다.

이렇게 만들어진 신칸(신시 칸국)은 후에 한자를 쓰면서 신한(神韓)으로, 그리고 진한(辰韓)으로 변했다가 배달국으로 개명된다. 이러한 신칸이 사용한 문자는 수메르문자에서 유래한 그림문자와 신지문자였으며, 후에 신라의 이두문자와 일본문자(히라가나)의 원형이 되었다. 우리 역사 속에 나타나는 천황은 신칸(배달국)의 지배자이며, 전삼한 시대에서 신에 대한 제사와 정치 등을 총괄하는 위치에 있었다. 더불어 우리가 신라의 왕관으로 알고 있는 금관도 신칸시대에 천황의 제례용 관으로 사용한 것이며, 나중에 신라 왕관의 모델이 된다. 그 후 배달국은 적봉에서 장춘으로 천도를 하였다가 흉노에게 멸망한다. 그리고 상당수의 유민이 한반도로 이전하여 경상도지역에 정착하면서 반도 내에서는 진한이었다가 사로국(신라)이 된다. 그래서 후에 개명된 신라는 전삼한시대에 신칸연맹체의 후예들이다. 그리고 신관 출신의 박

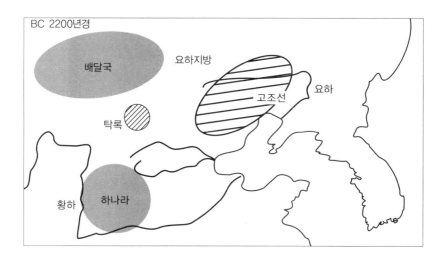

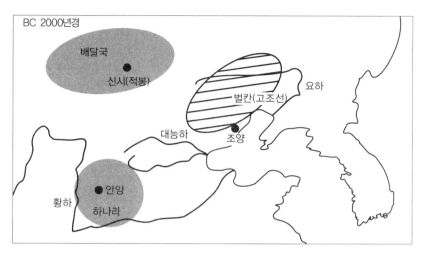

BC 2000년경
배달국
신시(적봉)
벌칸(고조선)
요하
대능하
조양
안양
황하
하나라

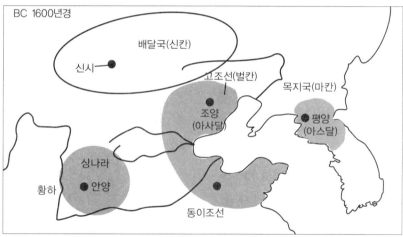

BC 1600년경
배달국(신칸)
신시
고조선(벌칸)
목지국(마칸)
조양
(아사달)
평양
(아스달)
상나라
안양
황하
동이조선

혁거세가 시조가 되는 이유도 여기에 있다.

이에 반해 초기 신칸이 확장하면서 요하지역(조양과 우하량)에는 벌칸연맹체가 만들어지고 사용된 문자는 수메르의 그림문자를 바탕으로 만들어진 상형문자이며, 후에 한자와 BC 1세기경에 사용된 가야고문자의 원형이다. 이것이 신칸이 황하유역으로 진출하여 만든 상나라의 갑골문을 통해 더욱 발전된 언어가 되었다. 그리고 상나라의 갑골문자는 오늘날의 중국 한자가 된 것이다. 이렇듯 요하지역에 있는 벌칸은 한자 사용 후에 번한(番韓)이 되었다가 후에 고조선이 되며, 수도는 요하지역의 조양(朝陽)이 된다. 그리고 이 조양이 소위 말하는 고조선의 수도인 아사달이다. 여기서 조(朝)는 '아사'이며, 양(陽)은 '달'을 의미한다. 이것은 일본어의 〈조일(朝日)신문〉이 '아사히'로 읽는 것과 같다. 우리가 알고 있는 평양은 '아스달'이다. 이것이 우리 역사 속에서 나타나는 고조선이다.

조선국의 직제에서는 제사를 주제하는 천황이 지배자가 아니고 왕혹은 단군에 의해 지배되는 왕검 직제이다. 이것은 일본의 신화에서 나타나듯 스사노(신라계)의 후손과 아마테라스(백제계)의 후손이 제사와 정치를 분리시켜 맡는 국토 이양을 한 것으로 보아도 잘 알 수 있다. 이후 벌칸이 한반도 북부지방으로 진출하여 한반도에는 뫼칸연맹체가 만들어지며, 이것이 한자식 표현으로는 모한이다. 그리고 후에 이는 마한(馬韓)이 되었으며, 목지국이 된다.

더불어 뫼칸의 명칭은 우리와 뿌리가 같은 북아메리카 인디언에서도 나타난다. 즉, 뫼칸의 명칭은 그들의 일부가 북아메리카로 이주하면서 모히칸(모한)족, 또는 마히칸(마한)족으로 불리는 인디언의 원조이기도 하다.

마한의 수도는 한반도 내의 평양(아스달)이다. 마한(목지국)의 직제 또한 단군으로 왕검 직제이다. 그리고 전삼한시대에는 신칸(진한)을 중심으로 벌칸(번한), 뫼칸(마한)의 삼국이 병립된 국가체제를 가지고 있었으며, 마한은 전삼한의 3국 중에 가장 뒤떨어진 문명의 연맹체였다. 특히 한반도 내 중심국인 평양의 목지국은 고조선의 수도인 아사달이 멸망한 후에도 계속 국가로 존속하였고, 요서지역에 설치된 한사군의 하나인 낙랑과 교류가 잦았다. 그래서 낙랑 문화의 영향을 많이 받았으며, 이것이 마치 한사군의 하나인 낙랑이 한반도 내에 있는 것처럼 인식되는 요인이 되기도 한다.

그 후에 평양 목지국은 고구려에 의해 멸망하고 고구려 영토로 편입된다. 그러나 우리의 왜곡된 역사 속에서는 목지국의 평양을 낙랑이 지배한 것처럼 호도하여 날조한다. 즉, 우리 역사 속의 고조선은 북중국의 요하(원명은 우르하)지역인 조양과 우하량지역에 존재하였던 조선국이 그것이다. 더불어 위만에 의해 정권이 찬탈된 후에 한무제에 의해 점령당하는 역사적인 수모를 당한 곳이다. 그리고 한무제에 의해 한사군이 만들어진 지역도 요하의 조양에 있던 고조선지역이다. 이때의 아사달은 한반도 내에 있던 것이 아니다.

고대의 고조선과 마한의 지역은 또 하나의 거석문명지역이다. 한반도와 요동 주변에서 나타나는 거대한 고인돌은 각 지역의 부족 혹은 도시형 국가에서 만들어 놓은 무덤이며, 적석총과 함께 거석문명의 흔적이다. 이것은 수메르에서부터 전해온 진흙벽돌 조적법이 돌을 쌓는 적석 기법으로 발전하여 나타난 형태로, 후에 아메리카로 전달되어 아스텍·마야·잉카문명에서 나타나는 적석 피라미드나 신전 석축공법의 원조이다.

(3) 팔조금법과 수메르(함무라비법전) 그리고 십계명과 유사성

기원전 고조선에 만들어진 팔조금법은 수메르의 전통적인 법에서 이어져 온 것으로, 같은 계통의 함무라비법이나 유대인의 십계명과 비슷한 시기에 성립되었고 많은 유사성을 갖는다.

- **고조선의 팔조금법**

'환단고기의 태백일사, 번한세가'에 기술된 팔조금법의 내용은 다음과 같다.

① 사람을 죽이면 사형에 처한다.

② 상해를 입힌 자는 곡식으로 보상한다.

③ 도둑질한 자 중 남자는 그 집의 노예로, 여자는 노비로 삼는다.

④ 소도를 훼손한 자는 금고형에 처한다.

⑤ 예의를 잃은 자는 군에 복역시킨다.

⑥ 게으른 자는 부역에 동원시킨다.

⑦ 음란한 자는 태형으로 다스린다.

⑧ 남을 속인 자는 잘 교화하여 방면한다.

- **메소포타미아의 함무라비법**[32]

메소포타미아의 함무라비법은 고대 수메르의 법을 근간으로 성립한 것으로, 이것을 통해 수메르가 추구했던 법체계를 알 수 있다.

① 다른 사람의 땅에 있는 나무를 베면 그에 대해 변상해야 한다.

② 자신의 논에 물을 대려고 하다가 부주의한 사고로 남의 논에 물이 차게 만들면, 그는 자신이 망가뜨린 곡식에 대해 변상해야 한다.

③ 자신의 아들을 쫓아내고 싶다면 먼저 재판을 받아야 한다. 그리고 재판관은 이유를 살펴봐서 합당치 않으면 아들을 내쫓을 수 없다.

④ 아들이 아버지에게 못된 짓을 하면 처음에는 아버지가 용서해 주지만 반복해서 나쁜 짓을 하면 아들을 내쫓을 수 있다.

⑤ 도둑이 남의 가축을 훔쳤으면 그 값의 열 배로 보상해 주어야 한

---

32) 출처 : Daum / 지식

다. 만일 도둑이 보상해 줄 돈이 없다면 사형당할 것이다.

⑥ 어떤 사람이 남의 눈을 멀게 했다면 그 자신의 눈알을 뺄 것이며, 그가 남의 이빨을 부러뜨렸다면 그의 이도 부러뜨릴 것이다. 그가 남의 뼈를 부러뜨렸다면 그의 뼈도 부러뜨릴 것이다.

⑦ 의사가 환자를 수술하다가 환자가 죽게 되었다면 의사의 손은 잘릴 것이다.

⑧ 건축가가 집을 지었는데 그 집이 무너져 주인이 죽음을 당하면 건축가는 사형에 처한다. 만약 집주인의 일가족이 죽었을 경우에는 건축가의 가족 중 해당되는 이가 죽어야 한다.

⑨ 강도가 어떤 집에 구멍을 뚫고 들어가 물건을 훔쳤다면, 그 구멍 앞에서 죽음을 당할 것이다.

⑩ 다른 사람을 사형에 처할만하다고 하여 고소하고, 이것을 입증할 수 없으면 고소한 자를 사형에 처한다.

⑪ 궁중의 남녀 노예 혹은 자유민의 남녀 노예를 성문 밖으로 도주시킨 자는 사형에 처한다.

⑫ 만약 새로이 아내를 들이고도 그에 대한 문서가 존재하지 않는다면, 부인에 대한 소유를 주장할 수 없다.

⑬ 어느 노예가 주인에게 나의 주인이 아니라고 주장하면, 주인은 자기 소유의 노예임을 입증하고 그 귀를 자를 권리를 가진다.

- 유대인의 십계명[33]

유대인의 고대법인 모세의 십계명도 그 근원은 수메르의 법체계에서 나왔을 것으로 여겨진다. 특히 법의 체계가 유사하며 시기적으로도 모세의 장인인 캔(수메르)부족의 이드로의 영향을 받았을 것으로 보이

---

33) 출처 : 개역성경

며, 번조선의 팔조금법이나 함무라비법과 유사하다.

① 너는 나 외에는 다른 신들을 네게 두지 마라.

② 너를 위해서 새긴 우상을 만들지 마라.

③ 너는 네 하나님 여호와의 이름을 망령되게 부르지 마라.

④ 안식일을 기억하여 거룩하게 지키라.

⑤ 네 부모를 공경하라.

⑥ 살인하지 마라.

⑦ 간음하지 마라.

⑧ 도적질하지 마라.

⑨ 네 이웃에 대하여 거짓 증거하지 마라.

⑩ 네 이웃의 집을 탐내지 마라.

이렇듯 서로 다른 지역의 고대사회 법들은 상호 유사성을 가지고 있으며 간결하고 직설적(눈에는 눈, 이에는 이)이다. 특히 살인, 간음, 도적질, 사유재산에 대한 내용은 공통적이며, 상기한 세 가지법 모두 동일 갈래에서 만들어진 것으로 보인다.

2) 환웅과 3황5제

중국문명의 키워드는 삼황오제, 건국, 단군왕검 등이며, 황하문명의 허구에 대하여 선도 문명의 존재에 대한 분석이 요점이다.

(1) 환웅과 3신(풍백, 우사, 운사)[34]

삼국유사에 나왔듯이 환웅이 거느리고 온 풍백, 우사, 운사라는 신

---

34) 출처 : Daum / 블로그 / 편집

은 수메르의 관료체계와 관계가 깊다. 즉, 풍백은 신관계급이고, 우사는 행정관료이며, 운사는 군사지휘관이다. 이 삼두체제는 수메르의 관료체계로 우리 고대 환(칸)국에 전달되었으며, 중국문명의 탄생과 밀접한 관계가 있다.

세계 4대 문명의 하나이고 동북아시아 문명의 종주국으로 자처해 온 중국문명은 과연 언제, 어디서, 누구에 의해 시작하고 발전된 것인지를 살펴보면 잘 알 수 있다. 중국인들은 자신들의 역사와 문명의 시작이 기원전 수천 년 전에 황하유역을 중심으로 삼황·오제에 의한다고 주장한다. 그러나 이러한 그들의 믿음은 20세기에 들어와서 허구임이 밝혀졌다. 즉, 청나라의 고증학과 랑케의 실증사학에 의한 서구 근대사학의 문헌고증학적 방법에 따르면 중국 초기문명의 전승을 전한 고문헌들의 신빙성에 의문이 생긴다고 보았다. 더욱이 과거 중국의 역사 속에서 믿어 의심치 않았던 삼황오제의 역사가 가공된 허구에 불과한 것으로 판정되어 중국 초기 문명의 역사는 사실상 실종되고 만 것이다.

여타 지역의 민족의 신화도 그렇지만, 중국의 삼황오제도 단순히 과거의 허황된 이야기인 '구전신화'로만 존재하는 것이 아니고 중국인의 사상과 도덕에 지대한 영향을 주고 있다. 그리고 그들의 내면 속에 자리 잡고 있으면서 지금도 중국인들의 자긍심을 키워주는 역할을 하고 있다. 그래서 삼황오제 신화가 진실이 아닌 허구일지라도 역사적인 사실인 것처럼 믿으려 하고 있는 것이다. 그러나 삼황오제는 중국과 우리의 역사를 올바르게 이해하기 위해 반드시 규명해야 할 역사의 단초 중의 하나다.

여기에서 우리가 규명하고자 하는 삼황은 태호-복희와 염제-신농

그리고 황제-공손헌원을 말한다. 이 삼황은 중국문명 초기의 왕이 아니다. 단지 그들은 각 인류 문명에 필요한 획기적인 기여와 발명을 통해 후세에 큰 영향을 주었기에 '삼황'이라 불리게 된 것이다.

삼황의 첫 째인 복희는 태호(太昊 : 큰 하늘)라 불렸으며, 뱀 몸에 사람 머리를 하고 있으며, 사람들에게 처음으로 사냥법과 불을 활용하는 법을 가르쳤다고 한다.

두 번째 삼황인 신농은 염제(炎帝 : 불꽃 임금)라고도 불리었으며, 사람 몸에 소의 머리를 가졌다. 그는 태양신이자 농업신으로 농경을 처음으로 가르쳤다. 또한 태양이 높게 떠 있는 시간에는 사람들에게 상업을 가르쳤다고 한다.

세 번째 삼황은 황제 헌원(軒轅)이다. 헌원은 사람들에게 집짓는 법과 옷 짜는 법을 가르쳤으며, 수레를 발명했다고 한다. 글자 개념을 처음으로 도입해 천문과 역산을 시작하고, 의료술을 시작한 것도 황제인 것으로 알려졌다.

이와 같이 중국신화의 삼황은 복희, 신농, 황제로 구분된다. 그 중에 복희는 성이 풍씨로 풍백(風伯)이라는 의미가 내포되어 있고, 신농은 소머리 형상의 농업신 우사(雨師)라는 상징적인 의미가 있으며, 황제 헌원은 중국고사에도 명백하게 운사(雲師)라고 명시되어 있다. 이후의 오제는 소호 금천(우리 한민족 김씨의 원조)과 고신, 고양, 요제, 순제 등 단군시대의 벼슬아치로, 중국이 날조하여 자신들의 역사 변조에 이용한 우리 한민족의 조상들이다.

(2) 3황과 환웅시대의 관료제도
환웅시대의 관료제도는 수메르에서 전수된 것과 같이 3계급체계이다. 이것은 왕을 중심으로 한 신관계급(風伯)과 행정관료(雨師) 그리고 군인(雲師)으로 분류되어 있으며, 이것이 신화 속에 나타나는 3신(풍백, 우사, 운사)의 실체이다.

① 복희와 풍백

중국고사에 따르면 복희의 성은 풍씨로 되어 있다. 이는 복희가 풍산 출신으로 우리의 단군신화에 나오는 풍백과 동일하며, 복희는 포희, 태호 등의 이름으로 불린다. 이것은 중국의 삼황 중의 하나인 복희가 환웅(칸훈) 시대의 신관계급의 인물이라는 뜻이 담겨져 있다.

여와, 복희

그의 가장 흔하게 불리는 이름은 '태호 복희'이며, 여와(女媧)와 마찬가지로 사람의 얼굴에 뱀의 몸을 가진 것으로 알려져 있다.

그는 사냥과 물고기 잡는 법을 창안하여 사람들에게 가르쳐주었으며, 주역의 근간이 되는 팔괘를 발명한 것으로도 알려져 있다.

복희의 하반신이 뱀이라는 것은 당시 신관들의 상징이 뱀이라는 의미도 된다. 이러한 점에 비추어 보면 성서의 천지 창조에서 이브를 유혹하여 금단의 열매를 따먹게 한 뱀의 실체가 수메르문명에 대입해 보면 그 당시의 신관계급을 상징하는 것일 가능성이 크다.

② 신농과 우사

삼황 중의 하나인 신농은 염제라는 이름으로 불리며, 정식명칭은 '염제 신농'이다. 그는 소의 머리에 인간의 몸을 가진 것으로 알려져 있다. 이는 그리스신화의 미노타우로스와 동일한 형상이다. 그리고 소머리는 수메르를 상징하는 것이다.

그는 중국의 남방으로 진출하여 농사짓는 법과 의술을 창안하여 사람들에게 전파하였으며, 팔괘를 겹쳐 육십사효(六十四爻)의 점치는 법을 고안했으며, 시장을 세워 경제와 교역의 원리를 가르쳤다고 한다.

황제 헌원과 연합하여 치우천황과 싸웠으며, 패한 뒤에는 신선도의 길을 걸어 후대에 도가사상의 원류를 세운다.

신농

중국의 고대신화에 나오는 신농은 소머리를 가진 반수신이다. 소머리는 수메르의 칸인족 관료체계에서 행정관료이다. 특히 고대의 농경사회에서는 행정관료란 관계수로 및 치수와 농사, 교역 등을 가르치는 관료계층으로 신농이 가진 의미는 삼황이 수메르의 관료체계에서 국민들에게 농사와 관계된 교육과 관리의 역할을 하는 것을 상징화한 것이다. 특히 소머리는 수메르의 상징이다. 이러한 점에서 볼 때 신농은 수메르의 정통 후손인 우리 한(칸)민족의 일원이다.

③ 황제 헌원과 운사

삼황의 하나인 황제 헌원은 염제 신농의 아버지인 소전의 방계 후손 중의 하나인 공손씨이며, 공손씨는 원래 곰(熊)족의 후손(곰손)에서 기인한다. 그는 백민에서 태어나고 동이족이며, 운사 출신이라고 한다.

이렇듯 공손헌원이 중국고사에 운사라고 명시되어 있듯이 그는 군인(무반)계급으로 지역 지방관이다. 그리고 그가 황하지역에 있었다는 것은 당시 이 지역을 지배하던 신칸(배달국)의 은허지역 지방관(총독)이었을 것으로 보인다. 그 당시 공손헌원은 은허의 독립을 위해서 신시배달

국의 치우천황과 전쟁을 하는데 그것을 탁록대
전이라고 하며, 황하문명 초기에 가장 중요한
사건이다. 여기서 탁록은 지금의 북경 주변의
지역으로 당시에는 배달국의 적봉과 은허의 황
하 사이의 중간지점이다. 이때의 탁록대전은 치
우천황을 전쟁의 신으로 숭앙하게 만들어 주
기도 한다. 특히 이들 간의 싸움은 황하유역
의 중국문명이 새로운 길로 들어선다는 의미에
서 더욱 중요하다. 다시 말해서 탁록대전을 통
해 황제 헌원이 상나라의 독립을 쟁취함으로써
신시배달국의 중국에 대한 지배력을 잃게 되기
도 한다. 그리고 전쟁을 통해 독립을 쟁취한 황
제 헌원은 역사 속에서 상나라의 창건자인 탕
왕일 가능성이 크다. 이것은 명백한 중국 역사
의 시작이 BC 1400년경 상나라에서 시작하였
다는 점을 보면 잘 알 수 있다. 이렇듯 상나라
의 독립 이후부터 동북아에서 가장 발달된 문
명을 가지고 있던 우리 한(칸)민족의 영역은 만
주와 한반도 쪽으로 이동하게 된다.

헌원

치우천황

(3) 5제와 고조선의 관료제도

앞서의 삼황이 우리 한(칸)민족의 고대국가인 환웅(칸훈)시대의 지배
계급인 삼신의 개명으로 보아 5제인 소호 금천, 전욱 고양, 제곡 고신,
제요, 제순 또한 행정관료의 직제인 5부제의 초기 벼슬아치일 것으로

보인다. 이는 일본신화에서 천손강림 니니기가 3종신기와 5부신을 거느리고 구지봉으로 내려왔다는 것이 3계급 5부 관료를 의미하는 것과 같다. 즉, 소호 금천은 쇠(금)의 명칭에서 보았듯이 공업부(산업)의 수장이며, 전욱 고양은 병·형부(군사)의 수장으로 법을 만들고 그 기틀을 세웠으며, 제곡 고신은 곡물을 다루는 농경부(농업)의 수장으로 농경의 노고를 달래기 위해 음악과 악기를 개발하였으며, 제요는 예부(예절과 의전 및 제례)의 수장이고, 제순은 이부(경제와 조세)의 수장일 것으로 보인다. 특히 중국이 태평성대라고 하는 요순시대는 국민간의 예절이 바로서고 경제적으로 윤택한 시절을 상징하고 있다. 이것은 행정관료 중에 예부와 이부의 수장이 행사가 올바르고 원만해야 한다는 것을 상징적으로 말하는 것이다.

이러한 측면에서 본다면 중국의 오제 또한 실존인물이 아니고 고조선의 행정관료들을 나타낸다고 할 수 있다.

3) 전삼한과 삼국의 성립

(1) 동이족과 황하문명의 허구

황하문명은 단군시대에 전삼한(진한, 번한, 마한)연맹체 중에서 요하지역과 북중국을 포괄하여 지배하고 있던 배달국이 BC 2000년경 황하지역으로 진출하면서 황하의 중류지방에 하나라라는 도시국가를 세우면서 이루어진 것이다. 초기의 하나라는 배달국에서 운사(군사령관)를 총독으로 보내 통치하였으나 BC 1700년 이후에는 황제 헌원이 등극하면서 강력한 지배력을 갖게 되었다. 그리고 하나라가 황하유역을 중심으로 중앙집권력을 강화하여 강력해지면서 배달국으로부터 완전하게 독립한 것이다.

　그러나 중국은 공손헌원의 생존 연대를 날조하여 마치 수천 년 전에 일어난 사건인 것처럼 만들어 자신의 역사를 끌어올린 것이다. 그리고 그 당시의 동북아에서 가장 문명국인 전삼한연맹체를 마치 오랑캐인 것처럼 동이 혹은 동호족이라고 하여 호도하고 폄하한 것이다. 특히 그 당시 전삼한연맹체 중에서 산동과 요하 전체를 지배하고 있던 번한 (고조선)이 가장 강력한 국가체계를 가지고 있었다. 그리고 이때의 진한(배달국)은 BC 1700년경 독립한 하나라에 발달된 문명을 전파하여 중국의 황하문명을 만들어준 주역이다. 이 당시 배달국은 만주에 있었다. 그리고 마한(월지국 혹은 목지국)은 BC 1400년경 고조선에서 갈려나와 한반도로 진출하고 있었다. 그래서 전삼한은 서해를 중심으로 만주와 중국의 산동지방과 황하유역 그리고 발해만과 한반도에 이르는 광대한 지역에 분포하게 된다. 즉, 만주를 포괄하여 서해 전체를 우리 한(칸)민족이 지배하게 된 것이다.

전삼한의 국가 변천 과정

칸국명	변천 과정	수도	한반도 유입 후
신칸(진한)	신칸(진한) → 신시배달국(진한연맹) → 북부여 → 동부여, 고구려	신시(적봉)	진한 → 계림 → 사로국 → 신라
벌칸(번한)	벌칸(번한) → 고조선(번한연맹) → 위만국 → 한사군 ※동이조선(기자조선)은 별개로 존재	아사달(조양)	변한 → 가야연맹
뫼칸(마한)	뫼칸(마한) → 목지국(마한연맹) → 최씨마한 → 고구려에 복속	아스달(평양)	마한 → 십제 → 백제

　더불어 중국고사에서 이야기하는 동이족이란 상나라가 주나라에게 멸망한 후에 중국의 지배권이 한(漢)족에게 넘어가면서 중국에 남아

있던 우리 한(韓)민족을 폄하하기 위해 만든 명칭이다. 그 당시의 동이족은 황하의 동쪽인 산동지역에 있었던 우리 한민족의 일부이며 동이조선이다. 이 동이조선이 주나라 때 기자가 왕으로 봉해진 조선의 실체이다. 이러한 동이조선을 한무제 이후의 중국 역사서에서는 마치 우리 한(칸)민족의 전체적인 실체인 것처럼 호도하고 있다. 다시 말해서 고조선이나 배달족은 황하의 북쪽에 있기 때문에 동이라고 부를 수 없는 국가들이다. 그리고 '동이'라는 명칭이 황하의 동쪽에 있는 활을 잘 사용하는 종족이라는 의미로 후한의 사마천의 《사기》 등에 나오는 명칭이다. 이것은 후기 역사 속에서 기술된 국지적인 명칭으로 춘추전국시대에는 제나라와 노나라에 속해있던 지역이며, 진나라와 초한(楚漢)시대에 한비자나 한신의 출신지인 한(韓)나라를 지칭하는 것이다.

상나라가 황하유역의 지배권을 주나라에 넘겨준 후 춘추전국시대를 거쳐서 진이 통일을 이루었다. 그리고 진에 의해 산동에 있던 동이조선은 중국 땅에서 축출되었으며, 고조선의 영역이 대능하 북쪽으로 축소되었다.

그러나 배달국은 전국시대를 거치면서 발달된 철기문명을 받아들인 훈족(흉노)에 의해 붕괴되었고, 이 당시 훈족은 배달국의 하부계층을 이루고 있었다. 그 후 다시 배달국은 부여로 재편되었으며, 또 그의 일부는 고조선에 흡수되어 후에 한사군의 진번지역이 된 것이다. 이때 마한은 한반도 내에서 큰 변화 없이 존재하였으며, 한강 이북의 평양의 목지(최씨마한)국이 나중에 고구려에 의해 점령당한 후에 호남지방을 중심으로 재편되었다. 그리고 뒤에 온조가 국가를 세우면서 십제가 되고 국가가 확장되면서 백제가 되어 일본열도로 진출한다.

지금도 우리 역사는 중국 역사서와 모화사상의 사대주의에 심취한 관료와 지식인들에 의해 폄하되고 있다. 특히 우리 한(칸)민족의 웅대함을 호도시킨 동이족이라는 표현을 우리의 실체인 것처럼 받아들이고 있다. 더불어 지금도 그것을 아무런 여과 없이 계속 후세에게 가르치고 있는 것은 큰 문제이다. 우리는 동방의 초기 청동기문명을 전파한 수메르 칸인족의 정통 후예로, 중국이 말하는 오랑캐 족속이 아니고, 오히려 동방문명의 선도자이다. 더욱이 세계 4대 문명이라는 거짓된 황하문명보다 더 원초문명이라는 것을 인식하고 앞으로는 동이족이라는 표현에서 벗어나야 한다. 여기서 동이족이라고 지칭되는 이(夷)는 큰활을 나타낸다. 이것은 우리민족이 고대 수메르의 우르에서 쫓겨나올 때 사르곤의 궁수부대에 당했던 트라우마 때문에 활에 대한 강한 집착을 갖고 있었던 것에서 기인한다. 그래서 중국인들에게 활을 잘 쏘는 민족으로 비추어져 동이라고 칭하게 된 것으로 보인다. 지금도 우리의 젊은이들이 세계적인 궁술 경기에서 우승하는 것도 이와 같은 맥락에서 나타난 현상으로 자랑스러운 재능이다. 하지만 중국인들이 이야기하는 동이족의 개념은 다소 비하의 의미를 가지고 있다는 점을 알고 올바르게 사용해야 할 것이다.

(2) 배달국(진한), 고조선(번한)의 멸망과 훈(흉노)족

BC 5세기경에 나타난 흉노(기마민족)는 훈족을 가리키며, 원래 칸훈(환웅)국의 피지배계층이었다. 중국사에 따르면 BC 3세기경 묵돌 선우의 흉노가 동호를 격파하고 그 여세를 몰아 한반도 북부에서 바이칼호, 티베트에 이르는 광대한 면적을 지배하였다고 전한다. 여기서 동호는 진한연맹체(신시 배달국)이며, 이때 배달국이 멸망한 것으로 여겨진다. 이것은 당시 배달국의 피지배계급이었던 내몽골의 훈족들이 연합해서 독자적인 세력으로 성장한 결과이다. 그들은 중국이 춘추전국시대에 발달시킨 철기문명을 받아들이고 급속도로 강해졌다. 그리고 배달국으로부터 독립하여 결국 배달국을 붕괴시킨 것이다. 이로 인해 배달국은 멸망하고 지리멸렬한 상태에 있었다.

그 후 BC 239년 해모수에 의해 과거 배달국에 속해 있던 다수의 부족국가들을 모아 부여로 재탄생하게 된다. 이렇게 해서 멸망한 배달국을 대신하여 부여가 북만주에 우리민족의 새로운 국가로 탄생한 것이다. 그리고 BC 37년에는 부여에서 따로 나온 고주몽에 의해 남만주쪽의 배달국에 속해 있던 한(칸)민족과 훈족들을 재결집하여 고구려로 재탄생하게 된다. 이 과정에서 만주에 있던 훈족은 한동안 역사 속에서 사라지게 된다. 그 후 AD 2~3세기경 북만주의 혼란기에 다시 중앙아시아에서 훈족이 일어나 서진하여 AD 4세기경에 로마제국에 이르고 AD 5세기경 완전히 사라진다.

우리 한(칸)민족은 메소포타미아를 떠나 내몽골지역에 도달하여 그 당시 신석기시대에 머물고 있던 토착 훈족과 함께 나라를 세웠다. 처음에는 산위에 신시로 시작했으며 차츰 여러 개의 도시국가를 형성하고 도시국가들이 늘어나면서 칸연맹체로 성장했다. 이것이 우리민족의 근원인 환 또는 한(칸)국이 된 것이다. 그리고 이것이 전삼한체제로 거대한 고대국가로 성장하게 된다.

이 당시의 전삼한은 중앙의 내몽골지역에 진한(신칸 : 중앙에 있는 신시를 중심으로 한 칸연맹체로 초기에는 신한이며, 배달국이고 한반도 내에서는 경상도지역의 신라)이다. 이때의 신시는 지금의 홍산(적봉)지역이다. 이것이 동남쪽 요하지역으로 이동하면서 초기에 조양(아사달)지역을 중심으로 하가점 하층문명으로 일컬어지는 번한(벌칸 : 넓은 벌에 있는 칸연맹체로 후에 고조선이고, 한반도 내에서는 변한이며, 가야연맹체)이 만들어지고, 후에 벌칸은 영토를 산동과 황하 동부지역으로 확장한다. 그리고 일부는 더욱 동쪽으로 이동하여 한반도 내로 진입하여 마한(뫼칸 : 산지에 있는 칸연맹체로 후에 모한이며, 목지국으로 고구려의 일부가 된다)을 세웠으며, 삼한체제를 가지고 있었다. 마한(뫼칸)은 '마'가 마파람(남쪽바람)에서와 같이 남쪽이라는 의미도 있다. 하지만 기원전에는 한반도가 지금과 달리 해안선이 후퇴해 있고 평야지대가 그다지 많지 않은 산악지대로 이루어져 있어서 뫼(산)칸이라는 명칭에서 유래된 것으로 보인다.

우리 역사 속의 고조선은 중국의 만리장성에 인접해 있던 대능하지역과 요하지역 및 산동지역의 번한연맹체로 그 수도는 조양이며, 왕검성으로 지칭된다. 이곳을 중국의 역사가들이 임의로 동이족으로 호칭한 것이다. 그리고 이것이 마치 한반도 내에 있었던 유일한 국가처럼 날조한 것이다.

이때 고조선은 중국 쪽의 인접국가인 연나라와 계속적인 문화적인 교류가 있었다. 그러나 결국 연의 망명객 위만의 농간에 넘어가 BC 194년에 준왕이 쫓겨나면서 고조선이 찬탈당하는 수모를 당했다. 그리고 그 후 위만국은 한무제에 의해 멸망되며, 이곳에 한사군이 설치된다. 이에 따라 부여를 제외한 남만주에 있던 진한의 잔여 국들이 위기감을 갖고 새로이 통일국가체제를 이룬다. 이렇게 해서 만든 나라가 고구려로 후에 만주 전체를 지배하는 강력한 국가가 된다. 이 당시 한사군의 낙랑은 요하하류(조양)지역이고, 임둔은 동요하 중류 그리고 진번은 과거 진한과 번한의 접경지역인 홍산지역 주변이며, 현도는 동요하 상류에 세워진다. 여기서 진번은 진한과 번한연맹체의 두 문자를 따서 만들어진 군현의 이름으로 후에 고구려와 선비족의 발호에 의해 임둔과 함께 사라진다. 그리고 낙랑과 현도 그리고 요동은 고구려에 의해 멸망하고 고구려 땅이 된다.

요하지역에서는 고조선이 중국의 한나라에 의해 붕괴가 되면서 고조선의 지배계층인 한(칸)민족이 대거 한반도로 남하한다. 이 때문에 한민족의 단군 지배체계 아래에 있었던 남만주의 훈(흉노)족들은 분리되어 새로운 부족국가(예맥)체계를 형성하였다가 후에 고구려가 팽창하면서 고구려로 편입된다.

훈족은 한(칸)민족 초기에 수메르의 칸인족과 결합하여 칸훈(환웅)이 되어 단군조선의 기틀이 되었으며, 우리민족의 다른 한 축으로 존재하였다. 그 후 BC 300년경에 내몽골 쪽의 훈족 세력이 크게 키워지면서 당시의 배달국(중국 사서에서는 동호로 칭함)을 멸망시키고 영토를 크게 확장하여 고조선과 중국 북방을 위협하였다. 그 후에 만주 북방의 진한연맹체는 다시 재편되어 부여국을 건국한다. 이때 한반도 내에는 마한연맹체(목지국)가 존재하여 각각이 서로 다른 국명을 사용하고 있었다.

(3) 중국의 통일과 한민족의 한반도 유입

춘추전국시대 때 만주에는 배달국의 후신인 부여가 있었고, 요서지방에 고조선이 있었으며, 산동지역에서는 고조선이 확장하여 만들어진 여러 개의 부족국가들이 있었다.

이중에 배달국은 신국(神國)으로, 그 수장은 신(申)씨 천황계이다. 신이라는 글자가 태양(日) 앞에 우뚝 선 사람(l)이라는 의미가 있으며, 신관의 우두머리라는 뜻이다. 그리고 고조선은 중국이 진나라의 통일과 함

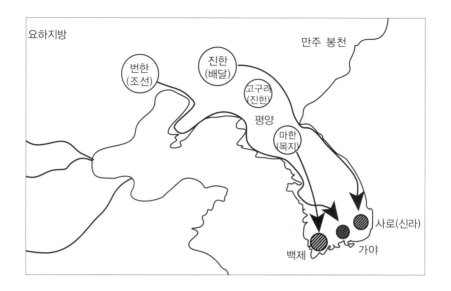

께 산동지역에서 축출되어 요하지역으로 지배권이 축소되었다. 이러한
번조선의 수장은 한(韓)씨 왕검이며, 한이라는 한자를 분석하면 관(吂)
을 쓰고 말(午)이 끄는 태양마차(車)를 탄 사람이라는 의미가 있다.

그리고 당시 한반도 내에는 정착한 마한연맹체(목지국)가 존재하고
있었으며, 그 수장은 최(崔)씨 왕검이다. '최'라는 한자를 분해해보면
山, 亻, 圭(土土)로 산에 흙(성)을 쌓는 사람이라는 의미가 된다. 여기
서 산은 뫼칸이며, 최씨 왕검은 마한의 지배자이다. 이것이 전삼한시대
이다. 이 삼한연맹체 중의 하나인 고조선은 인접해 있는 연나라와 동
등한 세력의 균형을 이루고 있었다. 그러다가 귀순한 위만의 정변에 의
해 당시 고조선의 왕인 준왕은 나라를 빼앗겼다. 그래서 당시의 준왕
과 그의 신하인 관료들이 발해와 서해를 통해 한반도로 이주하게 된
다. 이때 그 이주 경로는 준왕의 경우 서해안을 따라 내려와 군산을
경유하고 또 금강을 따라 올라가 청주에 정착하였으며, 이들이 청주

한(韓)씨의 원조가 된다.

또한 그 당시 관료(행정관료)와 쇠를 다루는 야철장들은 강화도의 마니산 첨성단(강화도의 첨성단은 단군시대에 전삼한의 중심으로 가장 중요한 천신단의 하나임)을 거쳐 남양만과 한강으로 들어온다. 남양에 정착한 사람들은 지금의 남양 홍(洪)씨인데 '홍'이라는 한자를 분해하면 氵, 土土, 人으로, 물에 흙(둑)을 쌓는 사람으로 번조선의 관개 수로를 담당했던 관료계급의 후손이라는 의미가 있다.

그리고 금속과 쇠를 다루던 야철장인 김(金)씨족은 '김'이라는 한자를 분해하면 옥(玉)을 쪼아(丶)내는 사람(人)이 되며, 이는 우리민족의 고대 문화에서 가장 중요한 옥을 다루는 계급이라는 의미가 된다. 이들이 처음 한강에 도착한 곳은 김포(金浦 : 김씨의 포구)나루이며, 이후 남하를 시작하여 지금의 안양천인 금천(衿川, 원명은 金川 : 김씨의 하천)을 통해 금정(衿井, 원명은 金井 : 김씨의 우물)을 지나 남하했으

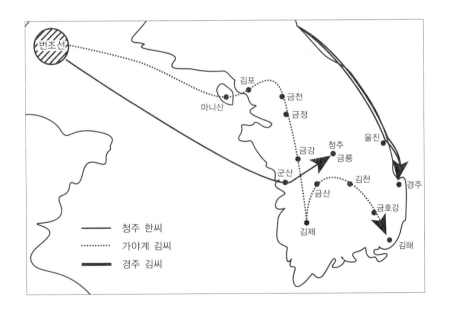

며, 또다시 강에 도달하였는데 그곳이 금강이다. 지금의 금강(錦江)은 한자명으로 비단 금으로 바뀌었으나, 원명은 김씨의 강인 금강(金江)이었을 것이다. 이후 계속 남하하여 지금의 전북 김제(金提 : 김씨의 제방)에 이르렀으나 당시 호남지방에는 강력한 마한의 일부 연맹체가 남아 있어서 더 이상 남하를 못하고 충남 금산(錦山, 원명은 金山 : 김씨의 산이며, 대둔산을 지칭)을 우회하여 지금의 추풍령이 있는 금릉(金凌 : 김씨의 언덕)을 넘어 경북 김천(金泉 : 김씨의 샘)을 통과하여 금호강(琴湖江, 원명은 金湖江 : 김씨의 호수강)을 거쳐 바다에 이르렀으며, 그곳이 김해(金海 : 김씨의 바다)로 지칭됐다. 그리고 그곳에 고조선의 후예인 변(번)한연맹체를 구성했으며, 나중에 가야연맹체로 변화가 되고 김수로가 왕으로 추대된다. 여기서 김해 김씨가 시작한 것으로 되어 있으나 실제로는 김씨의 근원은 전삼한의 단군시대 고조선의 소호 금천이 시조가 되는 것이며, 굳이 본관을 정한다면 조양(홍산) 김씨가 되어야 한다. 특히 김수로의 설화와 '구지가(龜旨歌)'가 보여주는 의미는 거북이가 미래를 지시한다는 의미로 번조선이 상나라와 같이 갑골에 의해 점을 쳤다는 점에서 가야연맹체가 고조선의 정통 후계가 된다는 의미도 된다. 그리고 실제로 김해에서 발견된 골각(소뼈)에는 점을 친 흔적인 불로 지진 자국이 나타난다. 이것은 초기의 수메르에서 건너온 그림문자가 벌칸(고조선)에서 갑골문자를 통해 한자화되었으며, 황하지역의 상나라로 이전된 것에 대한 사실도 유추해 볼 수 있다.

이렇듯 우리 한민족의 성씨는 단순히 만들어진 것이 아니고 그 각각이 고대사회의 계급과 직업 등에 의해 형성된 것이다. 이는 서양의 성씨들이 Miller, Smith, Baker, Carpenter 등인 것과 유사하다.

중국은 진시황제에 의해 통일이 되고 다시 진나라 이후 한나라에 의해 다시 통일되어 강력한 중앙집권국가로 형성된다. 그 후에 만리장성과 인접해있던 고조선(위만국)의 우거가 한무제에 의해 멸망된다. 이때 고조선의 유민과 함께 진한연맹체의 상당수 백성은 전란을 피해 이주를 했다. 그들은 만주벌을 경과하여 동해에 인접한 관동지방 통로(지금의 함경도와 강원도)를 통해 남하하였다. 그리고 그들이 경상도에 정착하면서 진한의 계립과 사로국(신라)을 세우게 된 것이다.

이것이 후삼한이 한반도 내에 성립한 이유이며, 후에 마한은 백제로, 변한은 가야연맹체로, 진한은 사로국으로 중앙집권적인 국가로 변모한 것이다. 다만 고구려의 경우는 배달국의 후예로서 만주지역 부여에서 독립하여 그동안 와해되어 있던 진한연맹체의 잔여 부족국가들을 재규합하여 새롭게 국가를 형성한 것으로, 실제적인 배달국의 후예로 볼 수 있다.

(4) 삼국 기원과 난생설화

고대국가의 시원은 동서양을 막론하고 상당수의 국가가 난생설화를 이용하고 있다. 그리고 우리의 고대국가인 고구려, 신라, 가야는 그 시조가 난생인 것이 공통점이다. 이는 난생설화가 가지고 있는 의미도 중요하지만 우리의 경우는 그것보다도 난생이라는 의미가 더욱 중요하다.

우선 난생이라는 것은 알에서 태어난다는 것이며, 이것은 기존의 질서나 틀을 깨고 새롭게 탄생한다는 의미가 강하다. 즉, 기존의 어떤 체계를 깨트리고 새로운 것이 태어난다는 의미를 가지고 있다. 이러한 측면에서 고구려의 고주몽이나 신라의 박혁거세 그리고 가야의 김수로 모두 과거의 전통적인 왕조의 후손이 아니고 새로운 왕조를 세운 인물이라고 보아야 타당할 것이다. 또한 우리의 조상인 한(칸)민족은 태양신을 믿는 민족으로 태양과 아침을 깨우는 장닭의 토템적인 신앙을 가지고 있었다. 그래서 난생은 알이라는 관점에서 새롭게 일어난다는 뜻을 부여하고 있으므로 신분을 초월해 새로운 왕조의 시작을 표현한 것이다. 이러한 관점에서 각각의 난생설화를 살펴본다.

① 고주몽의 설화

고구려의 시조인 고주몽은 동명성왕으로 성이 고씨이며, 추모 또는 중해라고도 하였다.

부여의 왕인 금와가 태백산 남쪽 우발수에서 한 여자를 발견하고 물으니 "나는 하백의 딸이며, 이름이 유화입니다. 동생들과 나가 노는데 한 남자가 자신을 천제의 아들 해모수라 하고 나를 웅심산 아래 압록수가의 집으로 꾀어서 사통하고 곧바로 가서는 돌아오지 않았습니다. 우리 부모는 내가 사통했다고 책망하며 우발수에서 귀양살이하게 하였습니다."

금와는 하도 이상하게 여겨 유화를 방 안에 가두어 두었으되 햇빛이 비추어 피했으나 햇빛이 또 쫓아와 비추었다. 그래서 임신을 해 알 하나를 낳았는데 크기가 다섯 되쯤 되었다.

이에 금와는 알을 버려서 개, 돼지에게 주었으나 모두 먹지 않았다. 또 길 가운데에 버렸으나 소나 말이 피하였다. 후에 들판에 버렸더니 새가 날개로 덮어 주었다. 금와는 알을 쪼개려고 하였으나 깨뜨리지 못하고 마침내 그 어머니에게 돌려주었다. 그 어머니가 물건으로 싸서 따뜻한 곳에 두었더니, 한 사내아이가 껍질을 깨고 나왔는데 골격과 외모가 빼어나고 기이하였다.

나이가 겨우 일곱 살이었을 때에 남달리 뛰어나 스스로 활과 화살을 만들어 쏘면 백발백중이었다. 부여의 속어에 활 잘 쏘는 것을 주몽이라고 하였으므로, 이것으로 이름을 삼았다.

② 박혁거세의 설화

신라의 시조인 박혁거세의 설화를 살펴보면,

옛날 경주땅에 6촌장들이 살았다. 어느 날 그들 6촌장들은 자신들의 왕을 뽑으려고 하는데 하늘에서 말이 내려왔으며, 그들에게 다가왔다. 그래서 6촌장들은 말이 있는 곳으로 가보니 말은 알을 낳고 하늘로 다시 올라가버렸다.

그래서 6촌장은 알을 거두어 잘 보호하였으며, 그 후 알이 부화되자 알 속에서 아기가 나왔다. 그 아기가 바로 경주 박씨의 시조인 박혁거세이며, 사로국(신라)의 초대 왕이 된다.

박혁거세 동상

신라 금관

③ 김수로의 설화

가야연맹의 시조인 김수로의 설화를 살펴보면,

가야의 여러 촌장들과 마을사람들이 모여서 구지봉 주위에서 연회를 베풀고 있었다. 이곳에서 촌장들은 자신들의 왕으로 누굴 내세울까 의논 중이었다. 이때 갑자기 하늘에서 큰 소리가 났는데 '구지가'라는 노래를 부르면 하늘에서 무엇이 내려 올 것이라고 말했다.

그래서 사람들은 봉우리 주위를 돌면서 구지가를 불렀으며, 그때 하늘에서 궤짝이 내려왔다.

촌장들이 그 궤짝을 열어보니 그 안에 알들이 들어 있었다. 이때 먼저 알에서 부화한 아기가 있었는데, 그 아기가 바로 김해 김씨 시조이자 가야연맹의 초대 왕인 김수로이다.

김수로왕 초상화

가야 금관

④ 김알지의 설화

김알지의 경우는 경주 김씨의 시조이나, 왕은 아니다. 다만 그의 후손이 신라의 왕으로, 설화의 주인공이 된다.

사로국의 4대 왕인 석탈해왕 9년 3월에 왕은 한밤중에 금성 서쪽 시림 숲속에서 닭이 우는 소리를 듣고, 날이 밝자 호공을 보내어 이를 살펴보도록 하였다. 이에 호공이 시림에 다다라 살펴보니, 금빛의 작은 궤짝이 나뭇가지에 달려 있으며, 흰 닭이 그 아래서 울고 있었다. 이 사실을 듣고 왕은 궤짝을 가져오게 하여 열어 보니 조그마한 사내아이가 그 속에 들어 있었으며, 용모가 기이하게 뛰어났다. 왕은 기뻐하며 하늘이 그에게 아들을 내려 보낸 것이라 하여 거두어 길렀다. 그 아이는 자라감에 따라 총명하고 지략이 뛰어났다. 이것은 마치 박혁거세의 옛일과 같으므로 그 말에 따라 알지라 이름을 지으며, 알지는 곧 우리말의 어린애를 뜻한다. 그리고 금빛 궤짝에서 나옴을 연유로 하여 성을 김씨라 부르고, 처음 발견되었던 장소인 시림을 고쳐 계림이라 하고, 이를 국호로 삼았다.

이렇게 전개되는 우리나라의 삼국 시조 설화는 일반적으로 설화 주인공의 출생 근원이 어디인가에 따라 몇 갈래로 나눌 수 있다. 단군신화와 같이 신들 간의 혼인에 의해 신격화되는 것은 그 주류가 다른 곳에서 이주해 왔다는 것을 상징적으로 알 수 있다. 또한 동명성왕, 박혁거세, 김수로 설화에서와 같이 알의 형상으로 태어난다는 난생설화는 새로운 신분으로 변화한다는 것을 뜻한다. 다만 김알지 신화에서처럼 처음부터 인간의 모습으로 궤짝에서 태어난다는 것은 궤짝이 주는 의미를 잘 살펴야 한다. 즉, 궤짝은 배를 의미하며, 김알지는 동해북부의 진한지역에서 해안선을 따라 배를 타고 내려 왔다는 함축적인 의미를 가지고 있다. 이렇듯 시조 설화가 하늘의 뜻에 의한 새로운 시작임을 강조하며 만들어졌기 때문에 오히려 그 이전까지의 역사를 부정하는 효과를 주는 경우가 많다. 그래서 보다 정확한 역사를 알려고 한다면 설화가 가지고 있는 의미를 잘 살펴야 한다.

신화의 경우는 외부에서 이주해온 강력한 도래인들을 신격화하여 표현한다. 그렇기 때문에 대체적으로 신화의 세계로 나타나는 이야기는 정복자 혹은 도래인의 역사일 가능성이 크다. 그러나 난생설화의 경우는 알을 깨고 나온다는 의미에서 보면 자체 종족 내에서 신분 상승을 의미하는 것이 일반적이다.

이러한 관점에서 각각의 설화를 다시 살펴보면 우선 고구려의 고주몽은 추모 혹은 활을 잘 쏘는 사람의 의미를 갖고 있다. 그리고 고(高)라는 한자는 소뿔 달린 투구(亠)를 쓰고 갑옷(冋)을 입은 장수의 형상이다. 이것으로 보아 그의 실제적인 신분은 장수(雲師)계급 출신으로 여러 가지 어려움을 통해 일국(高句麗)을 이룬 것으로 보인다. 또한 박혁거세의 경우는 박(朴)이라는 한자가 나무(木)와 점(卜)의 합친 글자로 보아 신관(風伯) 출신의 계급에서 촌장 협의에 의해 추대되어 사로국을 세운 것으로 여겨진다. 특히 여기서 나무(木)는 신단수를 의미한다. 이것은 신라 금관에서 정면의 출자형 문양이 신단수를 형상화한 것이기 때문이다. 김수로의 경우는 김(金)이 옥과 쇠를 다루는 야철장으로, 그 당시의 가장 중요한 산업을 주도하고 있었던 행정관료(雨師) 출신이 가야연맹체의 맹주가 된 것을 상징적으로 알 수 있다. 이러한 것은 전삼한의 지배계급인 신관(風伯), 행정관료(雨師), 장수(雲師)가 각각 후삼한의 통치계급으로 전환되는 과정에서 대의명분을 얻기 위해 난생설화가 도입되었을 가능성이 크다. 다만 백제의 경우는 한반도 내의 마한을 정복한 부여족이 진한의 왕족 출신이라는 점에서 굳이 신화적인 설화가 필요 없다는 점과 비루나 온조가 고주몽의 후손이므로 난생설화가 성립되지 못한 이유가 될 수 있다.

이러한 난생설화는 지금의 우리 역사에서는 우리의 고대 상고사가 설화로 오인되게 하는 요인으로 작용한다. 그래서 마치 더 이상의 역사가 없이 중국에 복속된 지역의 역사처럼 오인하게 되는 큰 오류를 남기게 되었다. 다시 말해서 삼국의 기원이 난생설화에서 시작했기 때문에 그 이전의 단군역사가 마치 신화 속에서나 나오는 이야기처럼 변질해버린 것이다.

그러나 단군은 명백히 청동기문명을 가지고 도래한 우리 한민족의 기원인 수메르의 칸인족과 토착 훈족 사이에서 이루어진 것으로, 신화가 아닌 진실된 우리 조상의 역사이다. 그렇기 때문에 이제는 이것을 바로 잡아야 한다. 이러한 것을 바로 잡기 위해서는 난생설화의 근본적인 의미를 잘 되새겨서 진실을 올바로 찾아야 한다.

2. 일본 개국신화와 삼국(한)시대

일본의 개국신화는 우리 한(칸)민족의 일본열도 정복사이다. 초기에 가야(변한)가 대마도와 큐슈에 진출하였고, 후에 백제(마한)가 진출하면서 큐슈에 대한 주도권 싸움을 벌인다. 이것이 이자나기와 이자나미의 신화이며, 결국 백제계가 승리를 하면서 니니기의 천손강림 신화가 성립된다. 이와는 달리 신라(진한)는 혼슈의 이즈모로 진출하여 일본의 신권(神權)을 획득한다. 이것이 백제의 통치권과 함께 제정분리를 이루는 것이며, 한반도에 있던 삼한이 일본열도로 진출하는 과정으로 일본신화에 잘 나타나 있다.

1) 일본의 개국신화

개국신화의 키워드는 이자나기, 이자나미, 아마테라스, 스사노이며, 니니기와 신무천황까지의 신의 계보가 주는 의미이다.

그리스, 이집트, 인도, 한국에서와 같이 신격화된 신화는 보통 도래인 정복자의 역사를 비유한 것이며, 난생 혹은 자생설화의 경우는 토템신앙에 근거한다. 특히 난생의 경우는 알을 깨고 나온다는 뜻에서 자체적인 신분 상승을 의미한다.

그래서 일본의 신화는 신적 존재인 이자나기, 이자나미에서부터 니니

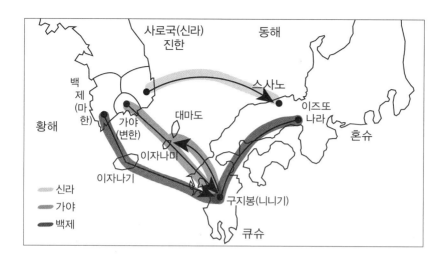

기의 천손강림까지는 도래인 정복자의 역사가 된다. 이때의 도래인은 한반도에서 넘어간 한민족이며, 일본신화는 우리 한민족의 일본 정복 사이다. 특히 일본의 경우와 같이 신의 종류가 많은 경우는 여러 국가가 시기를 달리해서 도래해 왔다는 의미가 된다. 이러한 여러 국가는 우리의 백제, 신라, 가야의 삼국(한)과 일치하며, 그 각각의 국가들이 일본을 지속적으로 정복한 것에 대한 근거로 일본신화 하나하나의 신이 되어 신화 속에 살아 남아있는 것이다.

(1) 이자나기의 백제와 이자나미의 가야[35]

일본신화의 내용을 살펴보면, 천상계에서 혼돈의 바다를 내려다보던 삼신령이 세상을 창조하기 위해 남신인 이자나기와 여신인 이자나미를 만들었다. 남신인 이자나기가 신령에게서 받은 창을 혼돈의 바다에 넣고 휘저었다가 꺼내자 창끝에 묻은 소금물 몇 방울이 떨어져 일본열

---

35) 출처 : Daum / 지식(요약)

도가 만들어졌다. 이자나기가 남매 여신인 이자나미와 결혼하여 혼슈, 시코쿠, 큐슈 등을 낳았으며, 불의 신을 낳다가 이자나미가 죽게 되었다. 그래서 이자나기는 죽은 이자나미를 찾아 요미노쿠니까지 쫓아갔다가 이자나미를 구하지 못하고 되돌아 오게 되었으며, 더렵혀진 몸을 씻기 위해 목욕을 하였다. 왼쪽 눈을 씻을 때 아마테라스 오미카미라는 태양의 여신이 태어났으며, 오른쪽 눈을 씻을 때 츠쿠요미 노미코토라는 달의 여신이 태어났다. 그리고 코를 씻을 때 스사노 노미코토라는 바다의 남신이 생겨났다. 그 후 스사노는 맡겨진 나라를 잘 다스리지 않아 이자나기에게 쫓겨나자 누나인 아마테라스를 찾아갔다. 그러나 그의 흉포한 성격으로 그곳에서 난동을 부리다가 결국 다시 추방되었다. 스사노는 이즈모로 내려가 사람들을 괴롭히던 머리가 여덟 개 달린 큰 뱀을 죽이고 나라를 세웠다. 그리고 스사노의 직계 후손인 오쿠니누시 노카미는 야가미히메와 결혼하여 다른 형제들이 물려준 나라까지 다스리게 되었다. 그러나 천상계에서는, 지상은 신의 자식이 다스리게 되어 있다며 니니기 노미코토를 내려 보내 오쿠니누시의 아들에게 나라를 이양할 것을 요구했다. 니니기는 3종신기인 옥과 거울 그리고 검을 가지고 구지봉으로 내려와 여러 신을 낳았으며, 그의 직계 증손자인 와카미케누 노미코토가 일본의 초대 천황인 신무가 되었다.

　이러한 일본의 신화에서 보면 천상계의 삼신령은 삼한(마한, 진한, 변한)을 지칭할 가능성이 크다. 특히 남매 신인 이자나기와 이자나미의 2분화는 초기의 도래인 정복자 집단이 2부류임을 의미한다. 여기서 이자나기는 백제(마한)를 상징하고, 이자나미는 가야(변한)를 지칭할 가능성이 높다. 초기 가야가 큐슈지방을 먼저 점령했으며, 후에 백제가 들어와서 서로 경쟁하는 가운데 결과적으로 백제가 승리해서 이자나미의 죽음으로 마무리하는 과정이 경쟁과 독주를 상징한 것으로 보인다. 그 후 큐슈지방에는 이자나기의 후손인 천조대신 아마테라스의 영역이 되고, 그의 손자인 니니기가 천손강림을 통해 신격의 인간화를 꾀하였다. 그는 천조대신으로부터 벼와 3종의 신기를 하사받고, 5부족의 신과 함께 무장을 하고 구지봉으로 강림한다. 이것은 니니기의 천손강림이 구지봉을 통해 일본열도로 들어와 그 지역을 점령한 정복자라는 이미지가 강하게 부각되는 점이다. 이때의 구지봉은 가야의 점령지이다.

동굴에서 모습을 드러내는 아마테라스
아메노누호코(창)로 바다 고기를 잡는 이자나기, 그림 에니타쿠 고바야시 메이지시대.
이자나기(イザナギ)는 일본신화에 등장하는 창조신이자 일본 천황가의 황조신(皇祖神)이다.

(2) 스사노와 신라(사로국)

스사노는 아마테라스와 남매인 동격신이다. 그는 난폭하고 강력한 이미지의 신으로 명칭에서 보이는 바와 같이 스사노, 즉 사로의 변음으로 신라를 지칭한다. 그가 내려온 지역 또한 혼슈의 이즈모지역으로 신라와 인접한 지역이다.

오오쿠니 누시노가미는 스사노의 아들 신으로 천손강림 니니기에게 제정 분리를 위한 국토 이양을 하고, 이즈모에서 신에 대한 제사부분만을 담당하는 역할로 타협한다.

이것은, 당시의 신라는 전삼한의 진한(신
칸, 배달국)에서 신관 출신들이 세운 나라이
기 때문에 일본에 진출하여도 자신들의 영역
인 제사부분을 고수한 것으로 여겨진다.

스사노의 출신 지역은 소머리(수메르)라고
하는 것으로 보아도 스사노가 사로국 이전
의 진한의 후손인 것을 간접적으로 나타내
고 있다.

스사노

2) 천손강림과 일본 천황계보

이 단원의 키워드는 천손강림, 백제, 가야, 신라이며, 만세일계의 천황계보
의 허구성이다.

일본 천황계가 백제계라는 것은 익히 알려진 사실이다. 특히 천손강
림과 국토 이양을 통해 백제계가 가야와 신라를 물리치고 정권을 잡
았으며, 그 후손들이 지금의 일본 천황가계를 이루었음을 알 수 있다.

(1) 천손강림 니니기와 신무천황

① 천손강림과 니니기

천손강림 니니기는 천조대신인 야마테라스로부터 벼와 3종의 신기를
하사받고, 5부족의 신과 함께 무장을 하고 구지봉(龜旨峯)으로 강림
한다. 여기서 3종신기는 거울, 칼, 굽은 옥으로, 고대에는 이것들이 신

분의 상징으로 여겨졌다. 거울(청동)은 신관이 가슴에 차고 태양 빛을 반사시켜 이것으로 종교적인 효과를 주던 것이며, 칼은 말 그대로 군사력의 상징이고, 굽은 옥 또는 인장으로 정치권력의 상징이다. 다시 말해서 3종신기라는 것은 고대 한민족의 관료조직인 신관, 군사, 행정의 상징인 것이다. 이러한 3종 신기와 5부족을 대동한 것은 니니기의 천손강림이 구지봉을 점령한 정복자라는 이미지를 강하게 나타낸다. 즉, 니니기가 구지봉(쿠시후루)으로 강림

니니기

한다는 것은 니니기의 주체가 마한(백제)계이고, 가야(변한)의 상징인 구지봉을 차지한다는 뜻이다. 그 당시 구지봉은 큐슈에서 가야가 선점한 점령지이다. 즉, AD 2~3세기경에 백제와 가야가 일본 큐슈지역 내에서의 주도권 싸움을 벌이고, 여기서 가야가 패배하여 백제의 완전한 주도권이 확보된다.

이때의 역사적인 사실이, 일본에 진출한 백제(야마토)가 일본 내의 가야를 점령한 것으로 표현되었다. 더불어 요마도쿠니까지 이자나기가 이자나미를 쫓아갔다 왔다는 것은 백제가 가야의 지배지역인 대마도를 정복한 것으로, 이것이 소위 임나일본부이다. 그리고 이 임나일본부는 가야의 일본 내 점령지인 큐슈의 구지봉 주변과 대마도를 가리킨다. 이것을 일본 역사는 우리 한반도 내로 변조하여 마치 김해지역의 가야를 점령했던 것처럼 호도하고 있는 것이다.

그리고 이렇게 가야계를 물리치고 주도권을 획득한 백제계의 신인 니

니기의 후손이 일본 초대천황인 신무(神武)로 기록되며, 이후의 일본 천황은 백제계가 이어간다.

② 신무천황(神武天皇 : 카무야마토이와레히코노미코토)[36]

신무천황(BC 711년 2월 13일(음력 1월 1일)~BC 585년 4월 9일(음력 3월 11일))은 일본의 초대 천황(재위 : BC 660년~BC 585년)으로 전해지는 인물로, 일본어로 진무텐노라고 발음한다.

《일본서기》와 《고사기》에 따르면 신무천황은 BC 711년 아마쓰히타카히코나기사타케 우가야 후키아에즈노미코토의 4남으로 태어나 BC 585년(신무천황 76년)에 127세로 죽은 것으로 전한다. 실재에 대해서는 역사학적으로 부정적인 견해가 강한데, 지금의 진무천황이라는 시호는 나라시대의 762년경에 오우미노 미후네가 찬진한 시호이다. 그는 45세 때 큐슈 휴가국(현 미야자키현)을 떠나 4년 후 가와치국(현 오사카부)에 입성한 이후 야마토국을 거점으로 삼던 나가스네히코와 충돌했다. 잠시 퇴각해 쿠마노 등을 경유한 후 다시 야마토국에 들어가 나가스네히코를 권좌에서 끌어내리고 야마토국을 정복, BC 660년 가시하라노미야에서 천황으로 즉위한 것으로 여겨지고 있다. 메이지 유신 이후에는 진무천황이 즉위했다고 전해지는 2월 11일이 일본의 건국일로 간주되었으며, 제2차 세계대전이 끝난 이후에도 일본의 건국기념일로 정해졌다. 1889년에는 우네비 카시하라궁이 있었던 것으로 추정되는 나라현 가시하라시 우네비야마 근교에 '진무천황을 제신으로 섬기는 가시하라 신궁이 건립되었다.'에서 보이는 바와 같이 신무천황이 큐슈에서 출발하여 오사카를 거쳐 나라(교토)까지 가는 여정이 나타나 있는데 세도내해를 거쳐 갈 때에도 정상적인 코스를 가지 못하는

---

36) 출처 : 위키백과

것을 보면 선주민의 상당한 저항이 있었던 것으로 보인다.

(2) 일본 천황계보의 허구[37]

일본의 역사를 이해하려면 천황계보의 허구성을 잘 이해해야 한다.

이러한 일본의 역사를 살펴보는 실제 설에는 여러 가지 학설이 있지만, 역사학에서는 초기의 일본 천황은 그 증거가 신화 등으로 실제 여부가 논란이 되어 왔다. 또한 초대 일본 천황인 신무천황 이전은 '신대'로 불리며, 신의 화신이나 신 그 자체라고 전한다.

2대 수정천황부터 9대 개화천황까지의 천황은 실재하지 않았다는 설이 유력하다. 이른바 '결사 8대'(欠史八代)로 불리는 시대로, 초대인 심무천황은 여기에 포함되지 않는다. 신무천황의 사적은 10대 숭신천황과 일체라고 보는 견해도 있다.

10대 숭신천황부터 14대 중애천황까지는 실재하지 않았다는 설과 실재한 가능성이 있는 천황으로 보는 설이 있다. 그러나 15대 응신천황 이후에는 실재했다는 견해가 유력하다.

이것이 전후의 대표적인 견해였다. 역대 일본 천황의 시호에 '신(神)'이라는 글자를 사용하는 경우는 신무천황, 숭신천황, 응신천황의 3대로, 그 관점에서 연구대상이 되는 경우도 많다.

그러나 1970년대 이후의 일본 역사학계에서는 《고사기》나 《일본서기》의 5세기 이전의 기사는 부정확한 것으로, 26대 계체천황 이전의 천황에 대해서는 믿을 수 없다는 견해가 유력하다. 22대 청령천황, 23대 현종천황, 25대 무열천황 등도 실재한 것이 아니라 창작된 것으로 본다. 다만 고고학적 자료에 따라 어느 정도는 견해가 갈린다. 일례로

---

37) 참조 : 위키백과

야마토 정권의 발상지는 기비인지 이즈모인지, 아니면 큐슈인지 등의 여러 가지 학설로 갈린다.

AD 420년경부터 AD 480년경까지는 왜의 5왕의 시대이다. 이후 507년경까지 재위기간이 짧은 6, 7명의 왕이 존재했으며, 야마토 왕권이 혼란을 겪었다. 이후 26대 계체천황(AD 507~AD 531년)이 즉위하면서 야마토 정권의 힘이 강해졌으며, 이후의 계보는 거의 정확한 것으로 보고 있다. 즉, AD 507년경 이후부터가 일본 역사의 본격적인 시작으로 보아야 한다.

3. 아스텍·마야·잉카문명과 한민족

아메리카의 고대문명은 우리 한(칸)민족의 아메리카 진출로 이루어진 것이다. 신칸의 잉카와 부여의 마야 그리고 발해의 아스텍이 그것이다. 이러한 진출은 아메리카문명의 명칭과 건축술 그리고 지금까지 조사된 생활풍습과 유물에 잘 나타나 있다.

1) 아메리카의 고대문명

아메리카의 고대문명에서 키워드는 아스텍·마야·잉카의 기원과 발전 그리고 몰락의 과정이 종점이다.

(1) 아메리카의 고대문명 개관[38]

---

38) 출처 : Naver / 블로그

고대 아메리카의 문명들은 크리스토퍼 콜럼버스(Columbus)의 항해 이전까지는 대양이라는 장벽에 의해 다른 세계와 단절된 상태에서 번영했다. 콜럼버스의 신대륙 발견 이전의 사람들이 그들의 문화를 발전시켜 나간 무대는 광대하며 남북 양극에까지 이르고 있다. 이들이 아메리카에 처음부터 있었던 것은 아니다. 이들은 13만 년 전에 바닷물의 결빙에 따라 수위가 내려가면서 아시아와 아메리카대륙 사이에 육교가 된 베링해협을 건너왔다. 차고 냉혹한 땅을 거쳐 살기 좋은 땅을 찾아 전진을 계속한 끝에 남아메리카에 이르러 세력을 확장했다. 이들 원주민들은 BC 6000년 전의 초기 수렵시대로부터 농경생활을 시작했고, BC 1500년경에 촌락생활을 거쳐 BC 1200년경에 최초의 문명이 나타나게 되었다.

중부 멕시코에서부터 온두라스, 과테말라를 거쳐 니카라과까지 펼쳐진 지역을 통틀어 메소아메리카(Mesoamerica)라고 한다. 이는 지리적인 구분일 뿐만 아니라, 아메리카대륙의 최초 문명이며, 이후 모든 문명의 어머니 역할을 한 올메까문명에서 거대 제국을 건설했던 아스텍문명과 마야문명에 이르기까지 그들의 세력 범위를 나타낸다.

메소아메리카의 발전문화는 크게 세 시기로 나누어진다. 첫째 형성기는 BC 1500년경에서 AD 300년까지이며, 이 기간 동안 올메까문명이 나타난다. 고전기는 AD 300년에서 AD 900년까지이며, 이 시기에는 멕시코 중앙고원의 떼오띠우아깐문명과 과테말라, 남멕시코와 벨리세 지역 등의 전기 마야문명이 번성하였으며, AD 900년에서 스페인의 신대륙 발견 전까지의 후기 고전기에는 똘떼까, 아스떼까와 후기마야가 발전하였다.

메소아메리카문명은 모체 문명인 올메까에서 출발한다. 이후 올메까문명은 멕시코 중앙고원의 떼오띠우아깐, 똘떼까와 아스떼까와 유까딴을 비롯한 남부지역의 마야문명에 영향을 끼친다. 각 문명은 기나긴 시간의 흐름에도 불구하고 많은 특징적인 공통점들을 가지고 있다. 메소아메리카인에게 있어서 종교에 대한 지대한 관심은 가장 큰 공통점이라 할 수 있다. 종교는 메소아메리카의 문명을 만들어내고 발전시킨 원동력이었다. 하지만 종교는 또한 광대한 영토를 가진 대제국 아스떼까가 스페인에 의해 굴욕적인 정복을 당하게 한 원인이 되기도 한다.

① 올메까(Olmeca : 오르막문명)

메소아메리카에서는 BC 4000년 전후로 옥수수 재배가 시작되었고 재배가 본격화되자 본격적인 정주 촌락이 각지에서 확립되기에 이른다. 그리하여 BC 2000년부터 BC 1500년경에 걸쳐 멕시코 각지에서는 결정적인 농경기로의 전환이 이루어진다. 그 후 수백 년이 지나 문명이 대동하기 시작하고 그 최초의 문명이 올메까문명으로서, 이는 마야문명보다도 시기적으로나 문화적으로 앞선다. 이후 메소아메리카에서 흥망성쇠 하는 모든 문명의 모체로서 지대한 영향을 끼쳐 온 올메까문명은 멕시코만 남해안의 베라크루스와 따바스꼬(Tabasco)의 습한 소택지에서 번성했다. 전쟁과 정복으로 세력을 멀리 확장해 나아가 동으로는 마야족의 땅에서, 서로는 사뽀떼까(Zapoteca)족의 나라 몬떼 알반(Monte Alban)에까지 떨쳤다. 이윽고 그 세력은 중앙 멕시코지역에 퍼졌으며, 이 땅에 남긴 그들의 문화유산은 후일 이곳을 점령하는 떼오띠우아깐과 또또나꼬(Totonaco)족에 의해 계승된다.

지금까지 탐사된 유적 중에 라벤따(La Venta)는 가장 크기가 컸으며 종교의 중심지였다. 라벤따의 도시 배치는 이후 메소아메리카문명의 종교 도시 계획의 원형을 이룬다. 그곳에는 가장자리에 현무암 기둥을 둘러 세운 장방형 앞마당을 가진 조그만 계단식 피라미드가 서 있고, 그 근처에는 두 개의 도로가 마주 보고 있다. 그것은 아메리카 대륙에서 가장 오래된 신성한 구기경기장의 경계선이다. 종교 의식용으로 건설된 듯한 이 구역 안에서 조각석판과 더불어 올메까 예술의 가장 경이로운 예술품이라고 할 거대한 현무암 인두상이 발견되었다.

올메까는 무엇보다 먼저 종교 문명이었다. 그것은 방대한 수의 농민 신앙을 결집하여 많은 사람들의 힘에 의해 거대한 비석과 제단, 피라미드를 건설할 수 있었던 것이다. 수많은 올메까의 종교예술의 주제를 검토해 보면 거기에는 수신 신앙이 깊이 관련되어 있는 듯하다. 이 수신의 모습은 재규어로 나타나는데, 때로는 인간과 동물의 혼혈아로 표현되기도 한다. 또한 그들에게는 인신공희(人身供犧)의 풍습이 있었을 듯하다.

올메까인은 뛰어난 조각가였을 뿐 아니라 놀라운 옥돌 세공장이기도 해서, 그것을 깎아 작은 조각과 보석장식, 도끼 같은 것을 제작했다. 메소아메리카의 다른 문명과 같이, 올메까인도 수학과 달력에 대한 관심이 높았다. 마야족이 물려받은 기수법은 그들이 고안한 것으로 여겨진다.

올메까는 BC 400 내지 BC 300년경에 쇠퇴하는데, 그 멸망에 대한 정확한 원인은 현재로선 밝혀지지 않았다. 그러나 올메까가 이후 메소아메리카문명에 끼친 영향은 명백하다. 메소아메리카의 모든 문명은 올메까문명을 뿌리로 두고 종교적, 문화적, 사회적으로 발전해 나간 것이다. 실제로 올메까의 구기운동, 인신공희 풍습과 수신에 대한 찬양 등은 메소아메리카문명에서 공동적으로 나타나는 현상이다.

② 떼오띠우아깐(Teotihuacan)문명

올메까문명이 BC 300년경에 쇠퇴의 길을 걷고 있을 무렵, 중앙고원에서는 올메까의 영향을 받은 여러 신전 중심지가 생겨나 촌락을 형성하였다. 그중 떼오띠우아깐은 세력을 확장하여 규모가 커지더니 드디어 전 멕시코 문화에 지배적인 영향을 미치게 되었다. AD 150년경에 이르자 태양의 피라미드를 비롯한 많은 신전을 중심으로 20㎢의 넓은 도시로 확장되었고, 인구는 3만 명의 규모를 가지게 되었으며, 최번성기에는 10만 명에 달했을 것으로 추정된다.

오늘날 드러나 있는 것은 지난날의 화려하고 웅장했던 떼오띠우아깐의 지극히 작은 일부에 지나지 않는다. 도시의 90%가 아직 땅 속에 묻혀 있고, 게다가 발굴해야 할 떼오띠우아깐은 하나만이 아니다. 이 도시는 오랜 역사를 지내면서 건물들을 100년마다 정기적으로 다시 세웠기 때문이다.

이 도시는 생겨나던 그 순간부터 놀랄 만큼 높은 수준에 도달해 있었던 것 같다. 이로 미루어 이곳에 문명이 아무것도 없던 과거로부터 갑자기 솟아났다고 볼 수는 없다. 이는 올메까가 떼오띠우아깐문명에 지대한 영향을 주었음을 의미하는 것이다. 떼오띠우아깐을 계승한 문명들에 관해서는 많은 사실이 알려져 있으나, 어떤 사람들이 이 도시를 세웠으며, 살았고, 그들이 왜 갑자기 사라졌으며, 그리고 어디로 갔느냐 하는 것은 아직 정확히 밝히지 못하고 있다. 다만 떼오띠우아깐 계곡의 주민들과 멕시코 계곡의 주민들이 힘을 합쳐 만들어냈을 것으로 추정된다.

1,000년 뒤 아스떼까(아스텍)가 그 일대를 정복했을 때에는 이 도시는 이미 웅장한 폐허로 변해 있었다. 거리와 광장들은 텅 비어 있었고, 궁전에는 인적이 끊겨 있었다. 그러나 이 웅장한 아름다움에 감동한

아스떼까인은 '신들의 길을 걷는 사람들의 도시'라는 의미의 이름을 붙여 경의를 표했다. 6세기 말경 그 전성기를 맞았던 떼오띠우아깐은 멕시코의 정신적인 중심지이고 광대한 제국의 수도였으며, 경이로운 도시계획으로 정확하게 격자형으로 설계된 넓이 20㎢의 도시였다. 아스떼까인들은 이 거대한 도시를 똘떼까인이 세웠다고 믿었다. 하지만 똘떼까족의 역사는 10세기 후반에 시작되었고, 그때에는 이미 떼오띠우아깐은 폐허가 되어 있었다. 아스떼까족은 똘떼까란 말을 '위대한 장인'이라는 뜻으로 쓰게 되었는데, 이것은 떼오띠우아깐의 웅장한 건축이나 멕시코의 고전 시대에서 그 유례를 찾을 수 없는 수준의 훌륭한 장례 가면과 도자기를 몇 세기에 걸쳐 만들어낸 떼오띠우아깐인에게 아주 잘 들어맞는다.

떼오띠우아깐 시기에 들어와서 메소아메리카문명의 기본적인 신관이 형성되기 시작했다. 떼오띠우아깐의 유적지에는 깃털뱀, 껫살꼬아뜰의 신전이 우뚝 서 있다. 껫살꼬아뜰(Quetzalcoatl)은 껫살(Quetzal)과 꼬아뜰(Coatl)의 합성어인데, 껫살이라는 새는 하늘과 정신적인 힘을 상징하고, 꼬아뜰이라는 뱀은 땅과 물질적인 힘을 나타낸다. 껫살꼬아뜰은 우주 창조, 하늘과 땅의 결합 그리고 정신과 물질의 하나 됨을 표현하는 거대한 상징이다. 또한 수신의 영향도 대단했다. 인신공희를 위한 꽃들의 전쟁(Guerra florida)이 시작되었다.

당시 메소아메리카의 종교적인 중심지였던 까닭에 수많은 사람들은 성지인 떼오띠우아깐을 순례하기 위해 몰려들었다. 그리하여 자연스럽게 무역이 발달하게 되었고, 당시 최대의 교역과 상업의 중심지가 되었다. 이 같은 사실은 떼오띠우아깐 특유의 삼각 주발과 얇은 오렌지 토기, 신전을 본 뜬 뚜껑달린 향로 등이 멀리 1,000㎞나 떨어진 과테말라와 벨리세지방에서까지 오늘날 출토되고 있음이 이를 입증하고 있다. 즉, 떼오띠우아깐인은 마야지방까지 진출하여 교역을 벌였던 것 같다. 또한 마야 고전기 전기문화 형성에 있어 떼오띠우아깐 및 그 상인이 큰 역할을 했다. 아마도 떼오띠우아깐의 방대한 인구와 번영을 지탱하게 한 것은 이들 많은 지방과의 교역이었고, 그러므로 떼오띠우아깐을 중심으로 마야지대까지 포함했던 이 광범위한 통상망은 아마도 메소아메리카 문화권의 통일성을 창출하는 데 있어 크게 공헌했을 것으로 생각된다.

AD 500년경에 떼오띠우아깐은 절정기에 달해 있었다. 시 주변의 농경인구의 대부분이 흡수되어, 떼오띠우아깐은 분지 인구의 90%가 시내에 거주하게 되었다. 그런데 AD 750년경에 떼오띠우아깐에는 대화재가 일어나는데, 그 때문에 폐허로 변하고 말았다. 떼오띠우아깐의 멸망원인은 정확히 밝혀지지 않았으나, 고도의 조직적인 방화로 미루어 보아 내분이 일어났거나 외적이 침입했을 것으로 추측된다. 특히 외적 침입설은 북방의 수렵 민족이었던 야만족 치치메까(Chichimeca)인이 농경지대로의 진출을 위해 무력으로 떼오띠우아깐을 정복했다는 것이다.

③ 전기 마야(Vieja Maya)

기원전 수세기 전에 메소아메리카의 나우아(Nahua)족이 남쪽으로 이주를 계속하였다. 이들은 수렵시대를 거쳐 농경시대를 맞이하게 되었다. 원시적인 농촌은 점점 도시화되기 시작했고, 이윽고 세련된 문명이 탄생할 준비가 되었다. 오늘날의 멕시코와 벨리세, 콰테말라, 온두라스, 엘살바도르의 일부 호근 전역에 걸쳐 있었으며, 자연적인 지형에 의해 세 지역으로 나누어져 있다. 하나는 광대한 열대림으로 덮인 페텐 지구, 다른 하나는 역시 빽빽하게 수목이 들어찬 우수마신따분지와 빠시온강지구 그리고 나머지 하나는 관목으로 덮인 유카탄의 저지대 지구이다. 마야족은 지금의 벨리세지역에 형성되어 있던 아사빠문명을 받아들여 이른바 고대 마야제국을 건설했다.

마야문명이 약진하고 있던 BC 50년부터 AD 250년까지의 기간은 멕시코 중앙고원에 있어서 대도시 떼오띠우아깐문명이 번성하고 있는 시기이기도 하였다. 떼오띠우아깐의 교역망은 과테말라의 마야지대에까지 뻗쳐 있었으며, 마야의 문화적 성숙에 큰 영향을 주었을 것이다.

마야문명은 사회 경제제도, 천문학과 수학의 발달 그리고 뛰어난 예술성 등 여러 가지 측면에서 아메리카대륙 전체를 통해 스페인 정복 이전에 존재했던 가장 뛰어난 문명으로 평가받고 있다. 화전농법을 이용하여 옥수수를 주로 경작하던 마야족은 농지를 공유하면서 수확의 일부를 성직자와 비상식량의 비축을 위해 할당하고, 나머지는 가족별로 공평하게 분배하는 제도를 시행했다. 마야족의 성직자들은 자신들의 비상한 능력과, 신과의 직접적인 소통을 과시하기 위해 일식과 월식 현장 같은 천체의 변화에 대해서 지식을 갖출 필요가 있었다. 또 주 생산물인 옥수수 경작을 위해서도 기후에 대한 지식이 요구되어 마야 시대에는 자연히 천문학의 연구가 활성화되었다.

마야인들은 지구가 둥글고, 태양의 주위를 돌고 있으며, 또 위도와 경도의 개념, 일식, 월식의 변화 그리고 금성을 포함한 가시성좌의 이동법칙 등을 자세히 알고 있었다. 따라서 당시 마야인들의 달력은 세계 어느 지역에서 사용하던 것보다 더 발전된 것이었다.

또한 마야족은 세계에서 0의 개념을 이해하고 이를 최초로 사용한 부족이었다. 그들은 0을 얼굴, 눈, 꽃, 그림 등으로 표시했다. 마야문명의 우수성은 예술, 특히 건축술에서 단연 돋보였다. 마야인들은 석

회암이나 단단한 나무로 만든 대들보 등을 이용하여 수많은 신전과 궁전 및 공공건물들을 축조했다. 마야시대의 대표적인 건축물 유적은 멕시코의 유카탄반도와 과테말라의 일부 지역에서 찾아볼 수 있다.

10세기경에 이르러 마야족은 점차 척박해지는 농지와 카리브족의 빈번한 침략 등으로 그들의 신전을 버리고 내륙지역으로 계속 이동하여 마야문명은 더 이상 번영할 수 없었다. 전기 마야의 멸망에 대해서는 현재 밝혀진 것이 거의 없다.

④ 똘떼까(Tolteca : 돌집문명)

떼오띠우아깐의 멸망 후 멕시코 중앙고원의 정세는 매우 혼돈스러웠다. 이러한 혼돈 속에서 새로운 통일을 창조하고 메소아메리카 전체에 걸쳐 통신망을 재편성하기 위해서는 어떤 강대한 세력의 출현이 필요하였다. 떼오띠우아깐의 멸망 후 2세기 동안 그런 실력자는 나타나지 않은 듯했으나, 드디어 AD 9세기 말엽에 치치메까의 일족인 똘떼까가 등장함으로써 새로운 역사의 발걸음이 시작된 것이다.

똘떼까 왕국의 중심은 뚤라(Tula)였다. 그곳의 중심을 이루고 있던 것은 똘떼까와 치치메까라고 불리는 사람들이었다. 이 말 자체는 모순된 용법이었다. 우선 똘떼까란 또얀(Tollan)이라는 전설적인 도시 출신자를 뜻하였고, 높은 교양과 능력을 지닌 사람을 지칭하였다. 거기에 비해 치치메까란 개의 자손을 의미하였고, 멕시코 북부의 건조지대와 거기에 뻗어있는 농경 전선 사이에서 이동생활을 영위하는 수렵민을 일컬었다. 즉, 뚤라에는 떼오띠우아깐 이래의 도시 문명의 전통을 잇는 문화 수준이 높은 사람들과 문명을 그리워하면서 모여든 수렵민 출신의 전사(戰士)들이 함께 생활하고 있었던 것이다. 그러니까 뚤라에는 이질적인 두 개의 집단이 뒤섞여 살고 있었다고 할 수 있다. 도시적인 교양인과 용맹스런 전사인 것이다. 껫쌀꼬아뜰(Quezalcoatl) 추방의 전설은 이와 같은 대립을 반영하고 있다. 여기에서 알 수 있듯이 똘떼까 시기에는 전사계급이 신분 상승을 이루게 된다. 똘떼까 사회는 점차로 군국주의화 되어 갔다. 재규어와 독수리 전사들의 규칙과 인신 공희 의식이 자주 행해졌다. 많은 조각 작품 속에서 무사의 모습이 등장하고 죽음이라는 지배적인 주제를 담은 작품이 등장한다.

뚤라 안에 충만한 산 제물의 암시는 물과 농경을 지배하는 껫쌀꼬아뜰신의 신앙보다 더욱 높았으며, 이것은 우주와 인간의 안전을 유지하기 위한 산 제물의 사상이 똘떼까인에 의해 내세워졌던 사실을 말해 주는 것이라 할 수 있다. 그러나 껫쌀꼬아뜰은 추방되었다고 해도 무시할 수 없는 존재였다. 우주의 안전도 중요하지만 농경과 물도 인간이 살아가기 위해서는 불가결한 것이었기 때문이다. 그렇기 때문에 똘떼까인들은 그 종교 체계 내부에 평화와 전쟁, 문화와 투쟁, 산 제물에 대한 부정과 적극적인 긍정의 두 사상을 간직하게 되었다. 즉, 똘떼까의 종교는 모순을 가지고 있는 것이다.

똘떼까족은 회화, 벽화, 조각을 창안하였고, 나무껍질이나 용설란 종이에 흠을 파 나타낸 상형문자를 사용하였다. 또한 그들은 장엄한 왕궁의 건축가로서, 여러 가지 색깔의 깃털을 모자이크하여 방패와 장신구를 멋지게 장식하는 걸출한 장인이었다.

뚤라와 똘떼까인의 세력이 미쳤던 여러 중심지는 12세기 중엽에 와 해되었다. 무엇 때문이었을까? 아마도 똘떼까족은 북쪽에서 몰려드는 야만족과 더 이상 융화할 수 없게 되었을 것이다. 상황이 이처럼 변화하자 새로 이주한 야만족들과 똘떼까족 사이의 균형이 파괴되어 똘떼까족은 뚤라를 떠나기 시작했다. 이들의 일부는 멕시코 계곡으로 이주하여 그곳에서 똘떼까족의 유산을 부분적으로 수용한 새로운 도시국가들을 세웠다. 또 다른 부류는 뿌에블라 계곡의 촐룰라(Cholula)로 이주하거나 마야문명의 세력권인 유카탄반도의 치첸잇사(Chichen Itza)까지 옮아갔다.

⑤ 아스떼까(Azteca : 아스텍)

똘떼까문명의 멸망 뒤 멕시코 중앙고원은 여러 도시국가들이 난립하게 되었다. 그 중에는 꿀루아깐(Culhuacan), 떼스꼬꼬(Texcoco), 아스까뽀살꼬(Azcapozalco) 등, 그들의 후계자를 자처하는 여러 선진민족들이 이미 강력한 세력을 펴고 있었다. 13세기 중엽 신화적이고 전설적인 혈통을 가진 새로운 부족인 메시카(Mexica)족이 멕시코 계곡으로 들어왔다. 호수 근처 차뿔떼에 잠시 머물던 그들은 아스까뽀살꼬인이 적의를 보이자, 1299년경 호수 남쪽, 꿀루아깐의 세력권으로 피난을 떠나야 했다. 꿀루아깐에서 환대를 받은 그들은 띠사빤(Tiza-pan)에 거주지를 분할받을 수 있었다. 그러나 꿀루아깐의 속셈은 다른 데 있었다. 띠사빤에 창궐하던 독사들이 메시카족을 남김없이 물어 죽이기를 바랐지만, 그런 행운은 따르지 않았다. 메시카족은 뱀을 잡아 구워먹었던 것이다.

몇 년간 정착할 수 있는 기회를 이용하여 메시카족은 똘떼까의 문화를 받아들이기 시작했다. 그러나 1323년에 또다시 쫓겨난 그들은 호수의 늪지대에서 지내다가 1325년 오랫동안 기다리던 징조를 발견했다. 선인장에서 홰를 치고 있던 독수리가 그들의 정착지로 떼노치띠뜰란(Tenochtitlan)을 가리켰던 것이다. 메시카족은 점차 그들의 세력범위를 펼쳐 나가기 시작했다.

메시카족은 정복한 주변 부락의 군주들을 새로운 귀족으로 끌어들였고, 1428년에는 떼노치띠뜰란과 떼스꼬꼬, 따꾸바(Tacuba)가 영구 동맹, 즉 이른바 삼각동맹을 체결했다. 이 삼각동맹이라는 정치적 기본 구도로 후에 '아스떼까'라는 대제국이 건설되었다.

떼노치띠뜰란은 광대한 제국의 수도가 되었고, 많은 시장과 사원들이 생기기 시작했다. 도시는 고도로 조직화되어 갔고 신분의 계층화가 뚜렷해졌다. 왕을 비롯한 신관과 귀족들, 전투 엘리트들과 부유한 상인들은 아스떼까의 지배계급이었다.

아스떼까는 이전 어느 문명보다도 강력한 종교국가였다. 아스떼까인의 신은 위칠로포츠틀리(Huitzilopochtli)로, 그는 수렵의 신이며 달과 별을 뒤쫓는 태양이기도 했다. 똘떼까인으로부터 전승된 태양신 또나띠우와 겹쳐져 산 심장을 필요로 하는 우주의 중심적인 신격으로 모셔졌다.

아스떼까와 동시대의 멕시코 중앙고원의 여러 도시국가에서는 민족의 접촉이 증대됨에 따라 차츰 복잡해지는 신들의 관계와 종교체계를 정리하기 위하여 많은 신학적인 노력을 기울였다. 아스떼까의 신학자들이 시도한 노력 가운데 하나는 떼스까뜰리뽀까(Tezcatli-poca)와 껫살꼬아뜰의 서로 대립되는 두 신을 화해시키려는 우주론의 체계였다.

그러나 이와 같은 아스떼까 신학자들의 조화와 화해의 노력에도 불구하고, 그들의 종교체계 속에는 떼스끼뜰리뽀까와 껫살꼬아뜰의 근본적인 모순은 해결되지 않았다. 더구나 이 대립은 우주와 세계의 안전에 중대한 위협이었다. 그리하여 아스떼까인의 마음속에는 어떤 심층 심리적인 불안감이 항상 존재하였다. 그들은 태양의 건전한 운행을 기원하며, 산 제물을 바치면 바칠수록 마음의 불안은 누를 길이 없었던 것이다.

 아스떼까인에게 심리적인 불안정을 준 또 하나의 원인은 그들의 우주 진화론이었다. 우주는 정체하지 않고 항상 운동하며 진화한다. 이것이 아스떼까인의 근본적인 신념이었다. 그리하여 이제까지 오는 동안 세계는 4번 멸망되었다. 그 4개의 세계에는 각각 하나씩의 태양이 있어 서로 대응한다. 제1의 태양은 재규어에게 잡아 먹혔고, 제2의 태양은 바람에 의하여 날아가 버렸다. 제3의 태양은 화산의 용암 때문에 멸망되었다. 제4의 태양은 홍수로 인하여 사멸되었다. 그들은 지금 제5의 태양(El Quinto Sol) 속에 살고 있으며, 이것 역시 언젠가는 멸망될 운명에 있다는 것이다. 예언에 의하면 제5의 태양의 파멸은 지진에 의하여 초래하게 되어 있었다. 화산 지대에 있는 멕시코에서 지진은 결코 이상한 현상이 아니었다. 조금이라도 지면의 진동이 일어날 때마다 아스떼까인이 이 세상의 종말이 오는 것이 아닌가 하고 무서움에 떨었을 것이라고 쉽게 상상할 수 있다.

 그러기에 아스떼까인에게 있어서 인간을 산 제물로 바치는 것은 잔인한 살인 행위가 아니라 우주를 구하기 위한 신성한 종교행사였다. 그들은 정치적 실력을 증대시키고 부를 축적하면 축적할수록 신들을 위한 웅대한 신전을 증축하고, 더욱 많은 인간을 산 제물로 바치기 시작했다. 1489년 떼노치띠뜰란의 중심부에 위칠리포츠틀리와 뜰락록의 대신전이 완성되었을 때 2만 명이나 되는 사람이 제물로 바쳐졌다고 한다.

 이런 대규모의 인신공양를 위한 산 제물을 구하기 위해 아스떼까는 끊임없이 주변 지역을 정복하였고, 이것은 많은 속국의 불만을 사게 되어 훗날 아스떼까 멸망의 한 원인이 되었다.

아스떼까의 마지막 왕인 목떼수마 2세는 지독한 숙명론자이고 미신을 믿었다. 그는 당시 일어나고 있는 기후적인 불길한 징조들이 껫살꼬아뜰이 돌아올 날이 얼마 남지 않았음을 암시하는 것이라 믿었다. 그리하여 정복자 꼬르떼스를 끝까지 껫살꼬아뜰의 재림으로 믿었으며, 처음부터 끝까지 근심과 고민 속에 빠져 있었다. 하지만 이것은 그의 개인적인 성격이나 사상 문제가 아니라, 그가 대표하는 아스떼까의 종교 자체 속에 포함된 종말론적 우주관에 근본 원인이 있었던 것이다.

수백 년을 메소아메리카(Mesoamerica)에서 군림해오던 아스떼까는 1521년 스페인 군인인 코르테즈에 허망하게 멸망하고 만다.

⑥ 후기 마야(Nueva Maya)

티칼(Tical), 빨렝께(Palenque), 보남빡(Bonampak), 삐에드라스 네그라스(Piedras Negras), 욱스말(Uxmal), 샤일(Xahil), 꼬판(Copan) 등의 화려한 제사 중심지를 건설하고 7, 8세기에 크게 번성하였던 전기 마야가 원인 모를 멸망을 한 후, 마야족은 내륙지역으로 계속 이동하기 시작하여 유카탄반도에 이르게 된다.

유카탄반도를 중심으로 소규모의 신전을 가지고 있던 마야족은 10세기 말 똘떼까족의 침입을 받는다. 전설에 의하면 세아까뜰 꼬뻴친이라는 똘떼까족이 유카탄지대를 정복한 후 소위 마야와 똘떼까의 새로운 마야문명을 탄생시켰다. 이는 이전의 마야문명과 비교하여 규모나 수준면에서 다소 후진적인 측면을 보였으나, 신마야문명은 이 시기에 건설된 마야판(Mayapan)과 치첸잇사(Chichen Itza) 등 대도시를 중심으로 전파되어 번영을 이룩했다.

그러나 12세기에 들어서 발생한 치첸잇사와 마야판간의 전쟁 이후, 점차 도시 상호간의 내전이 한층 격화되어 15세기 중엽에서 16세기 초에 걸쳐 마야족은 각처로 흩어졌다. 따라서 후기 마야문명은 스페인 정복자들의 도착 이전에 이미 종말을 고하고 있었다.

(2) 아메리카의 고대문명과 한민족

아메리카의 고대문명은 한민족의 아메리카의 이주와 밀접한 관계가 있다. 특히 고대의 한민족은 국가적 혼란이나 멸망 등으로 사회적 격변이 생길 때마다 태양이 떠오르는 방향인 동쪽으로 이주하는 경향을 띠었다. 이는 태양신 숭배와 일맥을 같이한다.

그러나 고대 한국(진한, 부여, 발해)이 극동에 위치하고 있기 때문에 어쩔 수 없이 동북쪽으로 방향을 정해 지금의 캄차카반도를 거쳐 알류산열도를 이용할 수밖에 없었다. 그래서 열도를 건너 알라스카에 도달, 따뜻한 남쪽으로 방향을 틀어 아메리카의 내륙으로 정착하는 경향을 띤다.

한민족의 아메리카 이주는 BC 2300년경부터 시작한다. 그리고 본격적인 이주는 BC 3세기경에 흉노에게 멸망한 신칸(배달)연맹체의 붕괴와 함께 시작했다. 이때 배달국민의 일부가 알류산열도를 넘어 북아메리카를 거쳐 아마존과 남아메리카에 이주하는 것으로 귀결되었으며, 후에 남아메리카에서 부활된 잉카문명을 이루었다. 특히 이들이 가진 국가 명이 '잉카인' 것은 앞서 우리민족이 수메르에서 나올 때의 명칭이 '카인' 혹은 '칸인'이 반대로 읽힌 것이거나, 진한의 본 명칭이 '신칸'이고, 이것이 '인카'로 변음이 된 것으로 보인다.

두 번째 대규모 이주는 AD 400년경에 부여의 멸망과 함께하고 있다. 앞서의 진한인과 같은 길을 따라 아메리카로 넘어간 것이며, 이것은 중앙아메리카의 유카탄반도에 정착하여 마야문명을 낳았다.

마야란 '뫼야'의 변음으로 '산속의 들판'이라는 우리말과 한자어의 혼합어이며 고원(高原)을 뜻한다. 이것은 뫼한이 마한으로 표현되는 것이나 심마니가 깊은 산속의 사람인 심뫼니에서 나온 것과 유사하다.

부여의 말기에 한자음을 빌려 쓰기 시작하였기 때문에 이주자들은 혼합된 언어를 사용했다.

세 번째 대규모 이주는 AD 1000년경 발해의 멸망 때로, 이들이 북아메리카, 지금의 멕시코에 정착하여 아스텍문명을 이룬 것이다.

'아스텍'이란 마야의 경우와 같이 우리말로 '아즈' 혹은 '아스'란 '평평한' 혹은 '큰'이라는 의미이고, '택(澤)'은 연못이란 뜻으로 큰 연못을 일컫다. 아스텍이 지금의 멕시코시티인 옛날 연못 중앙에 위치한 것으로 보아도 그 명칭의 근원을 알 수 있다. 그러나 이들에게 문자가 전해지지 못한 것은 한자가 어렵고 추운 한대지방을 거쳐 오면서 문자를 표기할 수 있는 도구가 없었기 때문에 자연스럽게 그전에 사용되는 문자는 사라지고, 구전에 의한 사용언어와 이주설화 등이 전해질 수밖에 없었던 것이다.

이렇듯 아메리카의 고대문명은 모두 한민족 이주문명의 후손이다.

2) 아스텍·마야·잉카문명

이 단원에서의 키워드는 아스텍·마야·잉카문명이며, 발해, 부여, 신칸(배달국)과의 연계성이다.

(1) 발해와 아스텍문명

지금의 멕시코시티에 꽃피웠던 아스텍문명은 태양신 숭배와 인신공양 등의 신앙체계를 가지고 AD 11세기 정도에 문명이 시작되었다. 이것은 시기적으로 인접한 마야문명에서 왔다고 보고 있다. 그러나 정황상 발해의 멸망과 밀접하게 연결 지을 수 있다. 그 번영 시기로 보아 대체로 발해의 멸망 이후 한민족의 이주에 의해 성립된 문명으로 여겨진다. 그들은 거석문명의 거대한 돌 조각의 석기문명이며, 부족간의 전쟁을 통해 포로를 인신공양의 제물로 바치고 식인을 하였다.

그들의 문화는 AD 13세기~AD 15세기경에 멕시코 중앙고원에서 꽃피워졌던 마지막 고대문명이다. 농경이 주요 산업이며, 주로 옥수수, 양파 등을 재배하는 화전 농업을 기반으로 주요 도시가 설립되고 많은 인구를 수용했다.

아스테카제국의 촘판틀리. 토바르 고문서(Tovar Códice, 1587) / 영화 속의 인신공양 장면

이러한 도시에서는 사회 조직이나 정치 기구와 군대 그리고 토지제도를 정비하고 신권 정치를 행하였다.

그들은 지나칠 정도로 생활에 금욕적이었으며, 전쟁터에서 죽는 것을 대단한 영광으로 생각했다. 조사된 바에 의하면 사용했던 복식과 생활습관 그리고 도구들은 우리 한민족과 거의 동일하며, 사용언어 또한 유사한 것으로 고증되고 있다. 태양신 숭배와 석조문화가 발달했으며, 그들이 섬기는 신은 공통적으로 '구름을 타고 다니며, 피를 요구하는' 신들이다. 그러나 스페인이 신대륙을 침략할 때에 정복자 코르테즈에게 멸망을 당했다.

(2) 부여와 마야문명

마야(Maya)문명이란 BC 2300년경에 중앙아메리카 남부에서 탄생하여 수천 년에 걸쳐 멕시코 남동부와 과테말라 등 소위 마야지역을 중심으로 번영한 문명이다. 이 문명은 유럽 사람들이 아메리카대륙에 도착하기 전인 AD 14세기 말에 홀연히 사라졌다.

이러한 문명의 존재가 알려지기 시작한 것은 19세기 말이고, 20세기 후반에 들어서 본격적으로 연구하게 된 것이다.

일반적으로 문명의 발생지가 강어귀의 넓은 평야지역인데 반해 마야문명은 인간이 살기 부적합한 열대 밀림의 고원지대에 도시를 세우고 살았다. 이것은 우리의 고대사회에서도 신시가 산위에 만들어진 것과 유사한 이유로 신의 도시를 고원에 건설한 것으로 보인다.

권력체계는 중앙집권국가가 아닌 다수 부족의 집합으로써 도시국가 형태를 이루고 있었으며, 천문학, 역법, 수학 등은 놀랄 만큼 과학적이고 정교하다. 이밖에도 거대한 피라미드를 건조하였으며, 화려하고 장대한 신전도시와 영(○)으로 대표되는 수학적 지식 그리고 20세기의 과

네이버 지식백과 - 멕시코의 피라미드(《멕시코에서 보물찾기》, 2008, 아이세움)

학수준에 필적하는 고도의 천문학 등 각종 기술들은 고대문명 이상의 수준이다.

BC 600년부터 본격적으로 살기 시작하여 AD 8세기에 최대의 번영기를 맞은 티칼(Tikal)은 도시와 교외, 전원의 세 구역으로 되어 있으며, 그 총면적은 130㎢ 정도이다. 이곳은 도시 주위에 해자(垓子)를 두고, 크고 작은 붉은 피라미드군과 석상 건축군으로 이루어진 도시이며, 약 10만 명 정도의 사람이 살았을 것으로 추정된다.

이 도시는 호수나 강으로부터 거리가 멀어 13개나 되는 인공저수지를 만들어 물을 사용했다. 그리고 장대한 경기장과 그것을 둘러싼 3개의 고층 아크로폴리스가 있다. 또 도시의 한가운데에 한층 거대한 5기의 피라미드가 서 있는데, 그 중 제4 피라미드는 높이가 70m에 달한다.

이러한 마야문명은 이집트문명과 유사한데 우선 태양신을 숭배한다는 것과 피라미드를 만들었고, 사람이 죽으면 미라로 만들었으며, 뇌수술을 했다.

그러나 인신공양과 같이 산 사람을 신에게 제물로 바치기도 했는데, 이때는 산 사람의 배를 가르고 심장을 꺼내 바치는 등의 일을 자행하였다. 이것은 단백질을 얻을 수 있는 소나 말 같은 가축을 키우지 않아 생긴 현상일 수도 있으며, 주식인 옥수수 등을 화전농법이나 계단식 밭 습지에서 경작했기 때문이다.

이들은 종류가 4만 종에 이르는 마야문자를 사용하였다. 이러한 문자는 초기 수메르에서 전수된 회화(그림)문자에서 발전한 문자로 보이며, 우리의 고대 문자와도 상당히 유사한 것으로 여겨진다. 또한 수메르인의 공통적인 건축기법인 석조 조적구법의 기본인 아치공법 등의 고도의 건축기술을 가지고 있었다.

멸망의 원인으로는 지배계층에 대한 피지배 계층의 반란이나 이민족의 침입, 기후조건에 따른 전염병의 확산, 토양의 황폐화로 인한 생산성 부족 등을 들고 있다. 그러나 전쟁의 흔적이 없고, 기후조건에 따른 토양의 산성화로 인한 생산성 부족은 계단식 논이 발견됨으로써 멸망의 원인으로 보기 어렵다.

아스테카제국의 '태양의 돌', '아스테카 달력' 이라고 부르기도 한다. 직경 3.6m, 무게 20톤에 달하는 이 유물은 정복 후 270년도 넘게 땅속에 묻혀 있다가 1790년 12월 17일 발견되었다. 멕시코 국립인류학박물관(Museo Nacional de Antropología) 소장

이러한 마야의 초기문명은 우리의 단군시대와 유사한 역사성을 갖고 있는 것으로 보아 칸인(환인)족의 일부가 홍산에서 멈추지 않고 바로 아메리카로 넘어간 것으로 보인다. 이러한 이유는 환인이 아들 환웅에게 3,000명을 주고 신시를 세우도록 했다는 것으로 보아 환웅을 따르는 사람 외에도 상당수의 칸인족이 존재했다는 것을 알 수 있다. 따라서 BC 2300년경에 나머지 칸인족들은 계속 동방으로 이동, 알류샨열도를 넘어 아메리카로 들어간 것으로 여겨지며, 이들이 초기 마야문명을 이룬 것으로 추정된다.

그리고 후에 부여가 멸망하여 다시 본격적으로 이동이 시작되면서 중기 마야문명을 이루었으며, 발해의 유민이 들어와 멕시코와 남아메리카 전역으로 퍼지면서 집중된 문명의 형태가 와해되어 사라진 것으로 보인다.

(3) 신칸(배달)과 잉카문명[39]

잉카문명은 페루를 중심으로 AD 15세기부터 AD 16세기 초까지 남아메리카의 중앙 안데스지방 일대에서 번영하였던 인디언문명으로, 쿠스코가 수도였으며 태양신을 섬겼다.

그들은 신성한 절대군주 잉카(神家 : 신의 가문)를 중심으로 지배계층과 일반 평민으로 구성되는 사회구조를 형성하여 중앙집권적 전제정치가 시행되었다. 그들은 안데스 산중에 도로를 건설하는 등 문명을 크게 발전시켰다. 옥수수와 감자, 호박, 땅콩, 목화 등 여러 가지 작물을 키웠으며, 특히 감자의 경우는 고산지대에 알맞도록 계단식 농법에 의해 품질개량을 하는 현대식 농법을 사용했다. 또한 '꼴가'라는 곡물창고를 지어 곡식들을 저장했는데, 꼴가는 우리말로 '골짜기의 집(家)'에서 나온 듯하다.

잉카의 역사를 살펴보면 BC 1200년경에 안데스산맥지역에 정착했으며, 치무족, 나스카족, 빈족 등이 부족사회를 형성했다. AD 600년경 우아리지역에서 온 민족이 200여 년 동안 서부 안데스를 지배하였으며, 이때부터 미라를 매장하는 풍습이 생겼다. AD 900년경에는 우아리족이 사라지고 다시 여러 부족으로 갈라진다. 그 뒤 AD 1105년경에는 잉카의 군주인 신치로카가 부족을 다스리게 되고, AD 1370년경 치무족이 지배족이 된다. AD 1438년에는 각 부족 간에 분쟁이 일어나며, 이후 약 50년간에 걸쳐 잉카족은 다른 부족들을 정복하고 안데스지역을 지배한다.

AD 1533년 사파잉카라 불리는 잉카의 마지막 황제 아타왈파는 에스파냐의 정복자 프란시스코 피사로에 의해 살해당하고, 결국 잉카제

---

39) 출처 : Daum / 지식 / 편집

잉카 마추픽추

국은 멸망하였다.

잉카문명의 초기는 BC 1200년경이며, 이 시기는 중남미에 있던 초기 마야문명이 분화하는 시기로, 마야인들이 이룩했을 것으로 보인다. 특히 마야나 잉카 모두가 태양신을 섬기며 비슷한 석축 조적기법으로 석조 구조물을 축조하고, 발달된 농법 또한 유사한 점이 문명 이전의 증거로 볼 수 있다.

잉카문명의 특징에서 주목할 만한 내용은 산위에 신의 도시인 마추픽추를 두고 교통의 요지인 쿠스코에 왕궁을 두어 제사와 정치를 분리하여 시행한 점이다. 특히 마추픽추는 도시의 모양이 콘도르 형상이며, 천상으로 인도하는 신의 도시라는 개념이 강하다.

이것은 우리 한민족 고대국가의 체계에서 종교를 분담한 배달국 신시와 통치의 중심인 고조선의 아사달로 서로 분리하여 운영하였던 것과 유사하며, 일본신화 속의 국토 이양 후에 이즈모와 교토로 종교와 통치를 분리시킨 것과 같다. 이러한 점을 보면 잉카, 번(고)조선, 일본의 상호 연계성을 살펴볼 수 있다.

더불어 산위의 도시인 마추픽추는 '마주비추다'라는 우리말과 유사하고, 그 정상에 태양신 제단이 있다. 그 중앙에는 '인티와타'라는 자연석비가 설치되어 있는데, 잉카인들은 이 자연석비 바로 위에 태양이 위치할 때 석비의 그림자가 없어지면 그 순간 태양을 붙잡았다고 여겼다. 그리고 그로 인해 태양의 능력을 갖는다고 여겼으며, 또 그때 신이 왔다고 생각했다. 그래서 이 석비에 붙여있는 명칭 인티와타라고 하는 것도 '신이 왔다'라는 우리말에서 나왔을 가능성이 크다.

제5장

우리 한민족의
나아갈 길과 제안

제5장
우리 한민족의
나아갈 길과 제안

1. 신 삼한시대와 동북아시아

전·후삼한시대가 동북아의 문명을 잉태시키고 키운 과거라면 한국을 중심으로 재편성된 신 삼한시대는 우리 동북아시아가 나아갈 미래이다. 특히 동북아 문명의 시작이 우리 한민족에 의해서 시작되고 발전된 것과 같이 미래 또한 우리 한국이 지정학적 위치나 역사적 측면에서 가장 중요한 역할을 할 것으로 믿어 의심치 않는다.

역사적인 측면에서 본다면 최초의 동북아문명은 수메르의 칸족과 토착 훈족의 결합으로 이루어진 신칸(배달국)이고, 이것이 후에 부여국과 한반도 내의 신라와 만주의 고구려로 변했다.

그리고 신칸이 요하의 벌칸(고조선)으로 확장되면서 황하유역으로 진출하여 하나라와 상나라의 근원이 되고, 춘추전국시대의 혼란한 시기를 거쳐 진의 통일을 통해서 지금의 중국으로 발전되었다.

또한 한반도에 있던 마칸(백제)은 일본으로 진출하면서 신라와 가야와의 경쟁에서 이겨내 일본열도에 대한 주도권을 갖게 되었다. 그리고 백제 멸망 후에는 지금의 일본으로 변신을 하여 독자적인 발전을 이루어냈다.

1) 신칸(진한)과 한국

신칸의 역할은 고대 삼칸(한)의 정신적인 지주이며, 신시배달국에서 부여를 거처 한반도로 유입, 진한 이후 신라 그리고 반도 내의 주도국으로 자리매김을 하여 지금에까지 이르렀다. 더욱이 지정학적으로 한반도는 동북아 교통의 중심이며 중국, 일본을 연결하는 중요한 고리이다. 이러한 점을 고려하여 한반도 내 철도 및 도로 교통망을 확충하고 만주와 시베리아를 경유하는 유로-아시아철도를 연계시키고, 일본과의 해저터널을 축조하여 동북아 전체를 하나로 이어야 한다.

더불어 동북아의 통합경제블록의 주도권을 확보하기 위해서는 독자적인 산업과학기술인력의 육성과 산업인프라를 선제적으로 구축하고 미래 산업에 대한 적극적인 투자와 설비 확충이 필요하다.

또한 동북아 중심으로 금융경제에 대한 창조적인 발전을 통해 금융산업을 주도해야 한다. 특히 분단국가라는 우리의 현실을 감안하여 통일 후 남북 단일 경제체제에서 더불어 살길을 모색해야 한다. 이러한 점을 감안하여 지금부터 통일에 대한 다음과 같은 대비가 필요하다.

- 북측의 노동자를 위한 단순 기능의 노동집약적인 산업 육성
- 육로를 통한 일본, 중국, 러시아, 유럽의 교역 중심지 역할 준비
- 남측은 첨단산업, 북측은 노동기술집약산업으로 조화시켜 추진
- 통일 후 북측지역 개발계획 수립 및 점진적인 진행

• 통일기금 조성과 관리

2) 벌칸(번한)과 중국

벌칸은 번한으로 고조선이며, 한반도 내에서 변한(가야)이 되었고 우리의 근본 뿌리이다. 특히 지금의 중국(황하)문명은 신시배달국과 벌칸에서 파생된 것이므로 그 문명의 주도자는 우리 칸민족이다. 그리고 아직도 우리 한민족의 뿌리가 되는 요하와 만주지역이 중국에 부속되어 있어 언젠가는 되찾아야 할 땅으로, 남북통일 후에는 반드시 추진해야 할 우리의 사명이다. 이러한 점에서 중국은 동북아 경제의 한 축으로 우리와 함께해야 할 동반자이다.

그러나 현 상태에서는 인접국으로, 또한 잘못된 대국의식을 갖고 있는 국가로 남아있어 우리의 보다 기술적인 대처가 필요하다. 이제까지 우리는 경제 발전을 과신하며 중국의 도약을 좌시하였다. 지금의 그들은 우리의 경제나 과학기술의 진보 정도를 초월하여 앞으로 나아가고 있다. 이러한 점에서 보다 중국을 잘 알고 대처해야 한다. 그러나 종당에는 우리의 주도하에 동북아를 이끌 것에 대비하여 정치 경제적으로 돈독한 관계를 유지하여야 한다. 또한 우리 산업의 지속적인 발전과 미래의 경쟁관계로 남을 수 있다는 것을 고려하여 중국의 경제 산업 발달에 대하여 다음과 같은 견제가 필요하다.
• 중국과 경쟁이 될 항공, 우주, 메카트로닉스 등 미래 산업 육성
• 서해의 해저자원 개발 및 미래형 해저도시 개척 및 건설
• 한국 내 중저가 산업 및 과학기술 재편
• 중국 내의 한민족공동체 지원과 활성화

- 만주지역의 공동 역사연구를 통해 우리민족의 뿌리 찾기
- 중국시장의 확보를 위한 지속적인 투자
- 미래 동북아공동체를 위한 한반도와의 각종 교통망 연결
- 남북통일 후 상호 군사동맹체 결성으로 국방 부담 줄이기

3) 마칸(마한)과 일본

　마칸은 마한이고, 일본으로 진출한 백제계의 후손들이 이룬 나라이며, 우리와 가장 가까운 이웃이다. 그러나 과거 우리의 선조들의 나태와 방만함으로 인해 일본에게 식민지화되어 굴욕의 시절을 살았던 적도 있다. 이 때문에 지금도 원수처럼 지내는 상황이 계속되고 있는 것이다. 이제 우리의 뿌리와 가지가 어느 곳에 이르렀는지를 잘 파악하고 그에 따른 적절한 정책과 함께 미래의 국가 발전을 위해 앞으로 나아가야 한다. 우리의 부주의로 인해 생긴 치욕의 역사를 앞으로는 다시 경험하지 않도록 우리 스스로가 깨우쳐야 하며, 동북아의 미래를 위해 일본과의 동반자적인 자세를 갖고 나가야 한다. 특히 경제나 기술적인 측면에서 우리는 일본보다 다소 뒤처져 있는 상황이다. 이러한 점을 감안하여 우리 스스로는 다음과 같은 노력을 배가하여 일본의 기술 경제적인 종속에서 탈피해야 한다.

- 일본 및 미국, 유태자금으로부터 빌린 외채의 조기 상환
- 적자 재정을 통해 국가의 부채를 늘리는 정책에서 탈피
- 일본 사채시장의 음성자금 국내 유입 규제
- 주식시장을 통한 일본 투기자본의 국내 기업 잠식 방지대책 수립
- 핵심 과학기술의 국산화 및 일본 의존도 축소

• 한일 해저터널을 통해 교통의 주도권 확보
• 동북아 금융의 주도권을 위해 금융산업 기술 개발

2. 동북아의 미래와 한국의 역할

지금은 우리의 경제나 인구 등의 사회적인 조건이 일본과 중국에 비해 작고 열악하나, 인류문명의 발달사와 전개되어 나가는 흐름을 본다면 장차 우리 한국이 동북아를 주도하여 나아갈 것으로 보인다.

이러한 점은 신 삼한시대의 주도자가 우리 대한민국으로, 일본과 중국을 이끌고 나아가며 범세계적인 측면에서도 선도적으로 이끌어 갈 것으로 예상되는 만큼 우리가 꼭 그렇게 되도록 만들어야 한다.

1) 동북아의 미래

동북아의 미래를 위하여 해당국들과의 상호교류 및 협력체제 구축이 전제되어야 한다.

① 북한, 러시아를 포용하는 정책
• 통일 후 한, 일, 러, 중의 전체를 연결한 아시아, 유럽 교통망 설치
• 극동러시아 자원 에너지 공동 개발 및 재원 확보
• 러시아 시베리아, 사할린 송유관 및 천연가스관 한반도 유입
• 중앙아시아 유전개발 및 송유시설 확보를 통한 석유 자원 확보
• 미래를 위한 한반도와 만주, 시베리아를 아우르는 장기계획 수립
② 중국, 일본, 러시아, 몽고에 대해서는 근거리 융화정책

- 일본과는 부산, 쓰시마, 아끼, 큐슈 간 해저터널 연결
- 북한을 경유하는 고속철도 설치와 북경까지 철도 운송로 연결
- 북만주 철도, 시베리아 철도의 고속화와 유럽까지 연결
- 시베리아, 캄차카반도 에너지 자원 개발

③ 미국, 유럽, 제3세계에는 원거리 협력정책
- 미국과의 군사동맹 및 방위조약 강화
- 남북통일 시 군사조약의 모든 상황은 변할 수 있음.
- 우리 주도의 EU와 미국과 FTA 협상을 통한 경제협력 재구상
- 수출입선 다변화와 중남미, 아랍, 동구, 아프리카와 교역 강화
- 중남미, 동구, 아프리카의 첨단 과학기술 분야 유학생 무상 교육
- 정보의 국제화를 위한 범세계적인 조직망 구축 및 미국과 연계

④ 세계 시장 속에서 중국, 일본은 우리의 우호자이며 경쟁상대
- 중국, 일본과의 협력 속에 국가 간 산업의 차별화
- 동북아 시장경제의 블록화로 유럽시장에 대하여 공동 대응

⑤ 한, 중, 일, 대만, 몽고, 러시아의 동북아 경제블록 형성 주도
- 한반도 내 교통, 정보통신 등에 대한 국제사회 기반시설 완비 필요
- 기반시설을 통한 동북아의 심장부 기능과 물류 중심부 역할 가능
- 전 세계의 석유 에너지를 집중 소비, 산업화한 상호 경쟁국
- 석유 에너지 자원 확보를 위해서는 심각한 상호 경쟁상대
- 동북아 통합 화폐 및 무비자 여권 추진 주도

⑥ 일본의 고도기술 산업과 중국의 저가 산업 사이의 틈새 산업 육성
- 정밀 부품 및 신소재 산업의 집중 육성
- 제조업 제품의 고품질화
- 기술 및 노동 집약형 산업의 리모델링

- 생명과학 분야의 투자 확대 및 육성

⑦ 동북아의 중심 지역으로서 발돋움할 교통 및 사회기반시설 확충

⑧ 중국과 해상 연결 교통로 개발 및 운영

- 중국과 서해안 항구 간의 열차 페리호 운영
- 조수간만의 영향이 적은 무역용 호퍼 크래프트 선박 개발
- 고속 위그선 개발 및 운항 추진
- 서해상에 교통중심기지 건설 및 활용

2) 한국의 나아갈 길

대한민국의 장차 나아갈 길은 세계 속에 퍼져 있는 우리민족의 결집에서 찾아야 한다. 그러기 위해서는 우리민족을 구성하는 두 개의 축인 한(칸)족과 훈족의 뿌리 찾기에서 시작해야 한다.

우선 칸족은 메소포타미아의 수메르에서 시작을 하여 중동지역을 터전으로 하였고, 티그리스강 동쪽에서 분열하여 이스라엘과 그리스로, 그리고 인도와 요하지역으로 진출하였으며, 이스라엘을 통해 이집트로 가면서 중동지역으로 퍼졌다. 이러한 분화과정을 세분하면 우선 유럽 쪽은 크레타섬과 에게해를 거쳐 그리스와 발칸반도로 가고, 인도로 진출해서는 그 일단이 아리안족의 침입 때 동남아시아로 퍼졌으며, 중동지역에서는 이스라엘과 이집트를 통해 북아프리카로 나아가고, 터키와 이란을 경유하여 중앙아시아 초원을 거치고, 내몽골의 홍산과 요하에 도달한 후에는 동북아시아에 퍼졌다. 이중에 요하에 정착한 칸족이 바로 우리 한민족의 선조이다. 이후 요하에서 중국과의 패권다툼에 져서 한반도로 들어오고, 일부는 중국으로 진출하였으며,

한반도에 들어온 일부는 다시 일본열도로 진출하여 오늘의 일본을 만들었다. 또한 북만주지역에 있던 칸족은 배달, 부여와 발해의 멸망과 함께 캄차카반도와 알류산열도를 거쳐 아메리카로 진출하여 중남미지역까지 칸민족의 문명을 전파하고 그곳의 선주민이 되었다.

우리민족의 다른 뿌리의 하나인 훈족의 경우는 만주와 내몽골지역의 원주민으로 도래한 수메르의 칸족과 결합하여 고대 동북아시아의 문명을 이루고, 만주지역이 불안정한 시기에 유럽으로 서진하여 헝가리까지 진출해 유럽문명에 막대한 영향을 끼쳤다.

이와 같이 우리 한민족은 칸족과 훈족을 통해 범세계적인 연결고리를 가지고 있다. 이러한 한민족공동체를 통해 우리가 추구해야 할 방향을 살펴보면 다음과 같다.

- 동북아시아 불록형성과 공동 경제권 조성 – 한국, 일본, 중국, 만주
- 유라시아벨트를 통한 중앙아시아 및 유럽과의 교역 확장 – 헝가리, 그리스, 러시아, 몽골, 중앙아시아
- 환태평양벨트로 중남미칸민족공동체 구성 – 아메리카인디언, 멕시코, 중남미, 아마존 유역국가
- 중동벨트로 중동지역과 아프리카와 교역 – 터키, 이라크, 이란, 이집트, 이스라엘
- 인도벨트로, 인도와 티베트 및 동남아와 교역 확대 – 인도, 미얀마, 네팔 등 동남아시아 각국

이러한 범세계적인 한(칸)민족공동체를 구성하기 위해서는 최우선 선결 과제로 남북통일이 되어야 한다. 통일을 통해 국가의 역량도 키워지고 북을 통해 유라시아와 몽골 등으로 직접 연결되는 통로를 확보

하는 것이 가장 중요하다. 특히 시베리아와 몽골에서 연결되는 철도는 아시아, 유럽, 아프리카를 잇는 중요한 교통로와 연계되어 있어서 이곳을 통하면 북반구의 대부분을 연결할 수 있다.

이러한 것에 더하여 1913년 노벨문학상을 받은 인도의 시성 타고르 (R. Tagore)의 '동방의 등불'을 되새기며 다시 한 번 한민족의 영광을 되찾도록 노력해야 한다.

동방의 등불[40]

일찍이 아시아의 황금시기에
빛나던 등불의 하나인 코리아,
그 등불 다시 한 번 켜지는 날에
너는 동방의 밝은 빛이 되리라
마음엔 두려움이 없고
머리는 높이 쳐들린 곳
지식은 자유롭고
좁다란 담벼락으로 세계가 조각조각 갈라지지 않은 곳
진실의 깊은 곳에서 말씀이 솟아나는 곳
끊임없는 노력이 완성을 향해 팔을 벌리는 곳
지성의 맑은 흐름이
굳어진 습관의 모래벌판에 길 잃지 않은 곳
무한히 퍼져나가는 생각과 행동으로 우리들의 마음이 인도되는 곳
그러한 자유의 천국으로

---

40) 주요한 옮김

내 마음의 조국 코리아여, 깨어나소서.

3) 한국사에 대한 필자의 제안

이제까지 기재된 우리 역사에 대한 가설은 필자의 직관에 의해 이루어진 가설로, 일부의 명확한 역사적인 사실을 제외하고는 실증하기가 어려운 내용들이다. 특히 우리 역사의 주영역이 지금은 남의 나라가 된 요하와 만주지역으로, 가기도 쉽지 않을 뿐만 아니라 조사를 하고 그 결과를 자유롭게 발표하거나 논의를 하지 못할 지역에 있다. 그래서 실제적인 역사를 규명하기가 어려운 상황이다.

더불어 우리민족의 뿌리가 아주 먼 이국땅인 중동의 이라크지역이며, 역사 속에서 메소포타미아 초기 문명에서 출발하고 인류 최초의 수메르문명의 전승자라는 점에서 더욱 입증하기 어려운 것도 사실이다. 또한 그들이 이주해오는 시기가 지금으로부터 4,300년 전이기 때문에 이주과정이 명확하게 드러나는 것이 아닌 점이 입증을 더욱 어렵게 한다. 그리고 우리가 가지고 있는 고대역사적 기록이 빈약한 것도 이러한 문제점을 해결하기 어렵게 한다. 더불어 고대역사의 상당부분이 신화로 존재하고 명확하다고 할 만한 삼국시대 역사 또한 그 국가 시조들의 난생설화 등에 가리어 현대의 우리 후손들은 갈피를 잡을 수가 없는 것도 사실이다.

이러한 점들이 우리 한국사의 실체적인 뿌리를 잘라버리고 우리가 중국문명에 접목되어 자라난 것처럼 보이게 하는 것이며, 그래서 지금 우리는 뿌리 없이 줄기만 가지고 따져보는 역사 연구를 하고 있는 것이다.

이러한 이유로 필자는 한국사학계에 다음과 같이 제안한다.

앞으로 우리 한국사를 연구하려는 학자나 후생들은 우리 한반도 내에서 나오는 증거와 자료로 적당히 마무리해서는 안 된다. 그리고 범세계적으로 우리 한민족이 역사의 주역인 점을 인식하고 고대 메소포타미아에서부터 만주 및 요하지역의 사적과 유물들을 조사해서 보다 정확한 한민족의 뿌리를 찾아내야 한다. 더불어 앞으로의 역사연구는 실증을 통해 필자의 가설에 대한 진위 여부를 명확히 가려주길 바란다.